科技引领 多措并举

北京市农林科学院低收入增收科技帮扶工作纪实

黄 杰 赵秋菊 陈香玉◎主编

中国农业大学出版社
China Agricultural University Press
·北京·

内 容 简 介

低收入增收与乡村振兴，是两个不同历史时期北京市在乡村地区实施的重大战略。本书通过对北京市农林科学院近五年来低收入增收科技帮扶实践进行总结，系统梳理科研单位低收入科技帮扶的组织框架、实施措施及成效情况，科学总结农业长效发展、农民持续增收的外部力量帮扶方向及重点，以期为其他科研单位开展乡村科技帮扶和乡村振兴实践提供切实可行的经验。

图书在版编目（CIP）数据

科技引领　多措并举：北京市农林科学院低收入增收科技帮扶工作纪实/黄杰，赵秋菊，陈香玉主编. --北京：中国农业大学出版社，2022. 5

ISBN 978-7-5655-2775-3

Ⅰ. ①科… Ⅱ. ①黄… ②赵… ③陈… Ⅲ. ①农业技术-科技扶贫-工作经验-中国 Ⅳ. ①F323.3

中国版本图书馆 CIP 数据核字（2022）第 077592 号

书　名 科技引领　多措并举——北京市农林科学院低收入增收科技帮扶工作纪实

KEJI YINLING DUOCUO BINGJU——BEIJINGSHI NONGLIN KEXUEYUAN DISHOURU ZENGSHOU KEJI BANGFU GONGZUO JISHI

作　者 黄　杰　赵秋菊　陈香玉　主编

策划编辑 何美文　　**责任编辑** 何美文　杜　琴
封面设计 李尘工作室
出版发行 中国农业大学出版社
社　址 北京市海淀区圆明园西路 2 号　　**邮政编码** 100193
电　话 发行部 010-62733489,1190　　读者服务部 010-62732336
编辑部 010-62732617,2618　　出　版　部 010-62733440
网　址 http://www.caupress.cn　　**E-mail** cbsszs@cau.edu.cn
经　销 新华书店
印　刷 北京虎彩文化传播有限公司
版　次 2022 年 5 月第 1 版　2022 年 5 月第 1 次印刷
规　格 170 mm×240 mm　16 开本　12.75 印张　200 千字
定　价 80.00 元

编委会

前 言

Preface

党的十八大以来，中央逐步形成了精准扶贫战略理论体系。北京市委市政府积极响应国家政策，高度重视精准扶贫工作。北京市没有国家现行贫困标准[2 300 元/(年·人)]下的农村贫困人口，脱贫攻坚在北京市主要体现为低收入增收。自 2016 年以来，北京市相继出台了一系列政策，制定了家庭年人均可支配收入 11 160 元/人的低收入农户标准和低收入农户数量超过本村农户总数 50%的低收入村标准。全市共计精准识别认定低收入农户 7.26 万户、15.6 万人，低收入村 234 个。5 年来，全市上下汇聚资源，整合力量，对低收入村及低收入农户开展因村制宜、因人制宜的精准帮扶，于 2020 年底完成了现行标准下低收入村和低收入农户全部消除的历史任务。

产业帮扶一批是北京市低收入增收"六个一批"中的重要举措。通过将科技注入整个低收入帮扶工作，是乡村可持续发展的源泉和动力。北京市农林科学院始终不忘科技造福乡村的初心，勇担科技富农的使命，深入贯彻习近平总书记号召，落实中央有关精准扶贫和北京市有关低收入增收工作精神，充分发挥科技、人才和成果优势，多方位、多层次、多角度地开展低收入科技帮扶工作：通过"双结双促"(基层党组织与低收入村结对子、在职党员干部与低收入农户结亲戚，促进强基固本、促进增收致富)、选派第一书记、"双百对接"(百名专家百个基地对接工程)等有力举措，累计组织全院 93

位专家对接京郊53个低收入村，对453户低收入农户开展精准帮扶；通过“一帮一”“点对点”全力推动低收入村脱低致富，取得了显著的成效，谱写了首都低收入增收科技帮扶的生动篇章。

本书通过对北京市农林科学院近5年来低收入增收科技帮扶实践进行总结，系统梳理科研单位低收入科技帮扶的组织框架、实施措施及成效情况，科学总结农业长效发展、农民持续增收的外部力量帮扶方向及重点，以期为其他科研单位开展乡村科技帮扶和乡村振兴实践提供切实可行的经验。

本书的顺利完成，离不开北京市委组织部、北京市委统一战线工作部（统战部）、北京市农业农村局、北京市科学技术委员会等单位的大力支持，也感谢全院上下参与收入科技帮扶工作的各级领导、专家和工作人员在本书撰写工作中提供的帮助。因时间和水平有限，恳请读者对书中不足之处提出宝贵意见。

编　者

2022年2月22日

目 录

Contents

第一章

首都低收入增收帮扶工作概述

一、北京低收入村基本情况

北京市委市政府《关于进一步推进低收入农户增收及低收入村发展的意见》(京发〔2016〕11号),以2015年家庭人均可支配收入低于11 160元为基本标准,综合考虑家庭财产和消费支出等情况,将符合条件的农户认定为低收入农户。农户家庭是指全部或部分家庭成员具有农业户籍的家庭,在农村定居、家庭成员中既有农业户口又有非农业户口的计为一户农户。《意见》中明确家庭年人均可支配收入低于11 160元为基本标准,在具体认定过程中还要综合考虑家庭财产及消费情况。

(一)低收入村分布情况

按照《关于进一步推进低收入农户增收及低收入村发展的意见》(京发〔2016〕11号)提出的标准,2016年北京市共精准识别认定低收入农户7.26万户、15.6万人,低收入村234个,涉及9个区49个乡镇。

具体地,延庆区有低收入村58个,低收入农户13 089户、27 390人,其中永宁镇、张山营镇、刘斌堡乡3个乡镇有低收入农户6 662户,占全区低收入农户总数的50.9%;门头沟区有低收入村45个,低收入农户4 685户、8 422人,分布在8个镇、120个村,其中地处深山区3镇(清水、斋堂、雁翅)的低收入户占比高达80%以上;房山区有低收入村35个、怀柔区有32个、密云区有31个、昌平区有25个、通州区有3个、顺义区有3个、大兴区有2个。

从分布上看,低收入村、户主要集中在远郊区,其中密云区、怀柔区、延庆区、门头沟区、房山区等区的低收入农户数占全市低收入农户总数的81%。

（二）低收入农户特点

1. 文化水平较低，整体素质较差

北京低收入农户受教育程度普遍较低，在低收入人群中，初中及以下学历的占80%。由于受教育程度低，思想观念落后，很多低收入农户听天由命，消极悲观，缺乏信心和勇气；有的虽然有劳动能力，但不愿意工作，依赖政府援助，主动脱低意识较差。

2. 健康状况较差，老弱病残居多

据调查，北京55%的低收入农户没有劳动能力，老弱病残占比大，60岁以上老人占46%，有残疾证的残疾人占23%，患有慢性病或大病的占27%，在校生占10%。在低收入农户中，有劳动能力的就业率仅为59.4%，远低于全市农民平均水平。而且，目前农户医疗保障体系还不够完善，农民还要负担一部分的就医费用，如果家庭成员有长期生病和残疾情况，本来贫困的家庭就会雪上加霜。长期看病就医是一笔不小的开支，是导致低收入农村家庭贫困的根源之一。

3. 经济来源单一，生活水平较低

在低收入群体中，低收入农户的经济来源仍以“输血”为主，主要来自低保、五保及养老收入和补贴性收入。大量“输血”的背后，隐藏着低收入农户“造血”功能明显不足的现实。由于文化水平较低，通过工作来增收的低收入农户极少，他们更多地只能依赖于土地的原始产出，仅能满足家庭成员的基本生存需求。

（三）低收入成因分析

1. 因病、因学、因老致贫特点突出

因病致贫。大部分低收入农户家庭存在一个突出的特点，即家庭中有

患病成员，患病者无法从事体力劳动，没有收入，直到男性满 60 岁、女性满 55 岁后才能领取福利养老金或者基础养老金。家庭其他成员为照顾患病者而无法从事相对稳定的工作，只能依靠村委会安排公益性岗位，每月获得不高于1 000元的收入。特别是家中有大病和慢性病患者，他们的医药费用支出过大，家庭本来有限的收入基本都用于医疗保健支出。

因学致贫。因子女上学而致贫是低收入家庭的一个重要特征。小学和初中属于义务教育，不用交纳学费，对低收入家庭而言，经济压力不是很大。但高中生每学年的学杂费大约是 2 000 元，上大学的花费用更是上万元。有 2 个孩子的农村家庭比较普遍，如果 2 个孩子同时上学，对收入不高的家庭来说，是一笔不小的开支，对于一个贫困家庭更是难以承受。如果下一代人不能通过上学寻找出路，那么将来致贫的可能性偏高，容易形成恶性循环。

因老致贫。低收入家庭中相当一部分农户为老年户，他们年纪较大，无法从事技能型和重体力劳动。这部分家庭的主要收入来源是福利养老金和基础养老金，即使养老金上调之后，人均月收入也只在 800 元左右，仅够他们维持生活基本支出。

2. 地理环境限制产业发展

由于受地理位置、资源禀赋、人力资本、生态保护等制约，约 83％的北京低收入农户、95％的低收入村集中在山区或半山区，位置偏远，交通不便，先天的自然环境限制着这些低收入村发展产业。农业种植基本上属于山地种植，限制大规模用机器耕种，且每户耕地有限，无法通过农业种植获得充足的收入。旅游产业没有获得规模化发展，与北京其他著名景点相比存在较大差距，旅游产业对经济发展的贡献作用没有得到充分发挥。山区的低收入村缺乏娱乐设施，青壮年劳动力在家庭情况允许的情况下都选择离家打工，造成本村劳动力匮乏，加之低收入农户家庭成员受教育程度较低，没有发展产业的人力资源支撑。留守本村的基本都是老年人或者残疾人，这些人由于自身条件限制，无法通过就业获得足够的收入。大部分低收入农户所处的区位是一个相对较封闭的区位，一个开放度不高、与外界相互联系不够紧密的区域，缺乏各种信息，留村人员难以把握和运用村外资源和优势，难以实现区内资源更为有效的开发、配置和利用。

3. 自身活力缺乏是致贫深层因素

低收入农户家庭中除老弱病残人员之外的劳动力，因文化水平相对低，思想观念落后，他们在接受新思想、新技术，通过从事新产业增加新收入方面，信心和激情不足，缺乏发展动力。由于受自身经济条件和自然资源限制，他们对脱低资源挖掘不深，对土地等固定资产盘活不够，主动发展产业和就业的积极性不高，依靠国家救助的思想严重，缺乏自身活力。

二、北京低收入增收科技帮扶工作情况

北京把低收入农户帮扶作为首都打好三大攻坚战的一项重点任务和率先全面建成小康社会必须完成的硬任务来抓，制定了明晰的任务目标，出台了完备的政策制度，构建了全市上下贯通的工作体系。

截至 2020 年底，北京市全面实现了低收入农户收入全部过线、低收入村全部脱低的目标。据北京市统计局抽样监测数据显示，全市现有 42 374户低收入农户 2020 年家庭人均可支配收入全部超过标准线（11 160 元），234 个低收入村全部脱低，其中家庭年人均可支配收入 15 000 元（含）以上的有 37 473 户，占 88.4%。在增长速度上，全市低收入农户年人均可支配收入由 2016 年的 8 961 元增加到 2020 年的 17 588 元，年均增长 18.4%，远远高于全市居民年人均可支配收入增速；在收入结构上，低收入农户年人均工资性收入为 6 209 元、经营性收入为 542 元，财产性收入为 1 073 元、转移性收入为 9 764 元，工资性收入和转移性收入已成为低收入农户的主要收入来源。

（一）形成上下贯通的政策机制

自 2016 年以来，北京市委市政府先后制定了《关于进一步推进低收

入农户增收及低收入村发展的意见》《贯彻实施〈关于进一步推进低收入农户增收及低收入村发展的意见〉重要政策措施分工方案》《关于开展低收入农户和低收入村精准识别及建档立卡工作的通知》《关于进一步加强低收入农户帮扶工作的措施》等政策。农业、财政、人力资源和社会保障以及民政等职能部门根据任务分工制定了具体实施方案，为低收入增收工作全面深入开展提供了上下贯通、权责明确的政策体系保障。

建立了市级统筹、区级负责的领导机制，以确保市区两级政府及其职能部门合力高效推进增收工作。紧扣增收工作各阶段的特点，建立了建档立卡、考核考评、督查通报、检查评估、总结宣传等环节的工作机制，使低收入农户增收工作全周期有章可循、有序衔接。

(二) 构建精准帮扶的工作机制

解决“扶持谁”的问题。通过“宣传动员、自愿申请、入户核查、民主评议、村级公示、乡镇审定”的工作程序，逐村逐户精准识别认定低收入农户，开发了全市统一的低收入农户监测系统，逐户逐人建立信息档案。

解决“谁来扶”的问题。构建以乡镇、村党员干部为主体的帮扶责任人队伍，全市共有 17 096 名对户帮扶责任人，覆盖全部低收入农户。

解决“怎么扶”的问题。结合低收入成因，动态掌握低收入农户帮扶需求，因地制宜，分类指导，实施“一村一策”“一户一策”精准帮扶，并明确到村到户的帮扶责任人。对低收入农户实施有进有出的动态管理，对家庭年人均可支配收入超过 11 160 元的低收入农户，持续监测和巩固帮扶。将低收入增收帮扶工作纳入对各镇政府年度绩效考核内容。组织第三方对低收入农户家庭年人均可支配收入超线真实性开展专项评估核查，严防“数字脱低”，确保收入调查程序规范、结果真实、农户认可、经得起检验。

(三)“六个一批”帮扶成效显著

在国家“五个一批”脱贫攻坚路径基础上，北京市立足首都特色，针对性地提出了“扶持产业、促进就业、山区搬迁、生态建设、社会兜底保障、社会力量”的“六个一批”精准帮扶分类，因村制宜、因地制宜，加强产业、就业、社会力量参与等各项帮扶，加快推进低收入村和低收入农户增收工作取得明显成效。

扶持产业帮扶一批。制定了《关于财政支农资金支持低收入农户增收及低收入村发展工作的实施意见》《关于进一步加强低收入村（户）产业发展帮扶项目和资金管理的通知》等政策，依托当地产业现状及资源禀赋，扶持了一批市场稳定、见效快、收益高的特色产业项目。据统计，全市共计投入市级资金12.1亿元，扶持产业项目917个，包括特色种植、特色养殖、林下经济、休闲旅游、精品民宿等，带动低收入农户增收，如怀柔区的光伏发电、精品民宿提升改造等项目。

促进就业帮扶一批。印发了《北京市人力资源和社会保障局关于做好促进低收入农户就业增收有关工作的通知》，北京市市人力资源和社会保障局（简称市人力社保局）对4.7万名低收入劳动力进行信息登记，办理2.3万名失业登记，通过转移就业帮扶、城市公共服务岗位安置就业、生态建设岗位安置就业、低收入产业项目带动就业、公益岗位托底安置就业等政策促进就业。北京市残疾人联合会（简称市残联）对吸纳低收入农户或低收入村中残疾人就业的社会组织给予补助。北京市社会主义新农村建设领导小组综合办公室（简称市新农办）在美丽乡村建设等项目用工中优先吸纳低收入劳动力。低收入劳动力就业率由建档立卡时期的59.4%提升至当前的96.4%，基本实现了有劳动能力、有就业意愿的低收入农户全部就业。

山区搬迁帮扶一批。出台了《关于实施新一轮山区农民搬迁工程的意见》，对地质灾害易发区和生存条件恶劣地区，符合搬迁标准、有搬迁意愿、搬迁条件成熟的低收入村（户）实施搬迁，对1 637户、3 448名低收入农户实施山区搬迁，低收入农户生产生活条件得到明显改善。

生态建设帮扶一批。制定了《关于调整山区生态公益林生态效益促进发展机制有关政策的通知》《北京市园林绿化局关于加强低收入农户精准帮扶工作的实施意见》等政策规定，使山区低收入农户 3.5 万户、6.9 万人享受到生态补偿政策。

社会兜底保障帮扶一批。制定了《北京市民政局关于精准识别低收入农户做好应保尽保的通知》《北京市农村危房改造实施办法（试行）》等文件，将 1.57 万人纳入民政低保范围；将 1 361 人纳入城乡居民养老保障范围；对参加城乡基本医疗保险个人缴费部分全额补贴；累计帮扶学生 4 117名，帮扶金额达 2 600 万元，确保低收入农户中每一个适龄学生都有学上；对 2 777 户实施危房改造，开工率、竣工率均为 100%，其余 1 860 户通过其他方式解决安全住所问题。

社会力量帮扶一批。出台了《北京市工商联关于开展“百企联百村”结对帮扶低收入村工作实施方案》《北京市农业科技人员帮扶低收入增收工作实施方案》等规定，党政机关、市属国企、科研院所、民营企业、社会组织等社会力量积极开展结对帮扶，实现 234 个低收入村结对帮扶全覆盖，累计社会帮扶金额达到 2.45 亿元。

第二章

多措并举，北京市农林科学院低收入增收科技帮扶工作介绍

北京市农林科学院自 2017 年起便立足自身科技、人才资源优势，广泛参与到全市低收入增收帮扶工作大局，研究出台了《北京市农林科学院关于推进低收入村（户）增收科技帮扶工作的意见》（京农林科党〔2017〕23 号），提出了“双结双促”、第一书记挂职、“双百对接”、规划引领、市场服务、科技培训等多项推进举措，全面助力低收入村（户）增收科技帮扶工作。据统计，2017—2020 年间累计组织 93 位专家对接京郊 53 个低收入村，与 453 户开展了“一对一”帮扶精准对接；组织 18 个基层党支部与 17 个低收入村开展了支部结对子；派驻 5 位科技人员到郊区低收入村挂职第一书记。截至 2020 年底，全面完成了对接的低收入村脱低致富，且对接的低收入村年均增收幅度高于同区域低收入村平均水平、对接的核心低收入户年均增收幅度高于同村其他低收入户平均水平的总体帮扶目标，为当地农业产业发展和低收入增收工作提供了有力支撑。

一、构建院级低收入增收科技帮扶体系，保障帮扶工作顺利开展

低收入村（户）增收科技帮扶工作，是北京市农林科学院在新时代背景下开展的全新事业。全新事业的开展需要有新思路、新机制和新举措，否则就会陷入“新瓶装旧酒”“换汤不换药”的不利局面。北京市农林科

学院党委和院各级领导高度重视，高屋建瓴，加强顶层设计，形成推动低收入村（户）增收科技帮扶工作合力，开拓低收入村（户）增收科技帮扶事业的新局面。

（一）加强组织领导

院级层面构建院党委统一领导，党政主要领导负主责，分管组织的副书记和负责成果转化推广的副院长具体负责，组织处和成果转化与推广处具体联络的工作机制；所（中心）层面形成“一把手”总负责，明确具体主管领导和联络人员，相关责任专家具体开展各项科技帮扶工作的工作机制。院、所（中心）两级及时加强信息沟通和监督管理，为低收入村（户）增收科技帮扶工作开展提供了组织保障。

（二）统一思想认识

多次通过下发通知和会议宣讲的形式，向全院各级干部和广大科技人员灌输低收入村（户）增收科技帮扶工作不是单个责任专家任务，而是全院共同任务的观念。全面增强全院上下开展低收入村（户）增收科技帮扶工作的责任感和使命感。

（三）全面梳理成果

对全院的科技成果进行了梳理，形成了与郊区产业对接的成果目录，包括新品种225个、新技术86项、新产品52个，涵盖林果、蔬菜、水产、畜禽和花草等品种，以及生态安全、优质高效、信息技术、设施装备等技术和产品，为低收入村（户）按方抓药、因技施策、精准对接提供成果菜单。

（四）出台制度文件

充分结合中央和北京市有关精神，经过多次酝酿讨论，研究出台了《北京市农林科学院关于推进低收入村（户）增收科技帮扶工作的意见》

（京农林科党〔2017〕23号），并以院党委名义于2017年4月在院党委中心组学习扩大会上进行了宣读和下发。制定了以“产业帮扶一批”为重点，以农业新型生产经营主体为主要着力点，实现科技专家与低收入（户）“一对一”结对子的指导思想。明确了科技帮扶的低收入村基本形成“一村一品”产业业态，科技帮扶的低收入户收入增幅高于同区域低收入户平均水平的工作目标。提出了“双结双促”、第一书记挂职、“双百对接”、规划引领、市场服务、科技培训等推进举措。这一文件的出台，为全院开展低收入村（户）增收科技帮扶工作提供了工作指引和政策保障。

（五）争取外部支持

按照院整体工作部署，成果转化与推广处多次奔赴房山区、延庆区、门头沟区、密云区、大兴区等区多次调研，与相关部门就低收入村（户）增收科技帮扶工作进行沟通和交流，积极争取区县相关部门支持，共同形成低收入村（户）增收工作合力。同时，在充分沟通基础上，与房山区、延庆区农业农村局签订了低收入增收科技帮扶框架协议。此外，积极争取市农业农村局、市科学技术协会（简称市科协）的扶持和支持，低收入村（户）增收科技帮扶项目得到了市农业农村局支农资金项目扶持及市科协科技套餐工程项目配套支持。

（六）强化管理督导

一是对低收入村（户）增收科技帮扶工作采取项目制管理。以院、所、专家三方形式签订项目任务书，制定工作方案，报送资金预算表，确保低收入村（户）增收科技帮扶工作在任务目标、计划进度和资金使用等方面规范、合理、有序。二是建立全院低收入村（户）增收科技帮扶工作台账，并定期进行核查和动态监测。在工作台账中详细记录对接低收入村（户）相关信息，包括低收入村基本情况、对接的农业新型生产经营主体情况、对接的低收入户基本情况、具体帮扶举措、增收目标等。三是对低收入村（户）增收科技帮扶项目进行单独管理、严格管理。院成果转化与推广处下发了《关于督导开展低收入“双百对接”工作的通知》（京农林科院推字〔2017〕19号），并联合组织处共同下发了《关于开展低收入增收工作自查工作的通知》（京农林科院推字〔2017〕22号），切实加强对低收入增收科技帮扶项目的督促检查和资金使用的监管力度，并整理编制了全院低收入科技帮扶项目实施进展情况一览表。四是积极奔赴低收入村（户）进行实地调研督导。院成果转化与推广处积极组织有关督导专家赴对接低收入村开展调研督导，全面了解低收入村存在的科技需求，实地考察各项科技帮扶工作实施进展情况。

二、确定低收入增收科技需求，因地制宜制定帮扶措施

（一）深入调研，分析产业需求

1. 产业融合发展规划设计需求

产业融合发展是乡村振兴的重要内容。但是，目前京郊的低收入村存在着土地分散、房屋闲置、组织化程度低、产业链条短等问题，需要将传统的农业生产与二、三产业进行有效的融合，进一步延伸产业链条，对村庄的发展进行统一的规划设计和产业布局，形成新的经营模式，才能实现持续增收。盘活限制房屋资源，进行统一改建；整合土地，形成专业合作社，实现种、产、销一条龙作业；开发旅游资源，发展休闲农业。

2. 地方特色产业提质增效技术需求

地方特色产业是低收入农户增收的一个重要途径。但是，目前产业发展还有诸多限制，例如，种植业的品种老化、种植水平不高，休闲农业的管理理念落后、收益低等问题。需要发挥首都科技资源优势，根据当地的地理环境及特色资源，重点围绕地方特色产业的产前品种改良、产后保

鲜、贮藏及深加工等，开展科技支撑和服务，增强产业发展动力和促进产业提质增效。

3. 资源环境绿色发展科技需求

京郊低收入村多为传统农区、山区或水源保护区，生态环境脆弱，生态环保与产业发展的矛盾比较突出。在生态第一的前提下，首都农业科技应加大对这些地区生态保护与监测方面的支持，促进将地方资源环境优势转变为商品优势，提升产业效益。围绕重点产业开展病虫害绿色防控技术示范，推广生态循环农业，示范推广水产安全生态养殖技术和生态养殖技术模式，改良水体环境和水质条件，减少各类药物使用；示范推广水质净化技术，净化与修复水体，维持水环境生态系统良性循环。

4. 农业发展信息和咨询服务需求

低收入地区农业发展理念、发展水平比较落后，需要学习先进的农业发展理念，掌握先进的农业生产技术。需要给低收入地区提供政策咨询及生态农业、有机农业、休闲旅游等产业发展规划、科技园区规划咨询和技术指导。从顶层设计开始，加强地方与首都沟通、交流与学习，引领本地区产业发展。低收入地区大多位置偏远、交通不便，信息相对不充分，需要建设互联网门户网站、农产品销售平台、信息化管理平台等，提高管理工作效率。需要及时获得农产品市场、农业生产资料、病虫害防治、生产经营管理、支农惠农政策等方面的信息，帮助农业生产者及时把握市场机会，完善生产管理，提高经营效益。有必要以信息化为手段，提升低收入地区的农业信息服务和科技情报服务水平。

（二）规划先行，明确帮扶方向

低收入村产业发展，不仅缺的是怎么干，更缺的是干什么和发展创意。立足低收入村实际情况，依托北京市农林科学院工程咨询学科优势，组织专业人员奔赴低收入村深入调研，以村为单元编制低收入村产业发展规划。2017年完成了20个低收入村产业发展规划编制工作，覆盖了所有“双结双促”对接村和第一书记挂职村。这些规划将在今后相当长一段时间内为低收入村发展提供方向指引和立项参考。例如，立足顺义区杨镇荆坨村发展现状，提出了“顺义区创意新村”和“美丽乡村”的发展定位，构建了“一村一带两区”的产业发展布局，提出了“荆坨滨河特色游憩带”“西瓜大田种植区”和“设施农业种植区”的发展思路，设计了“基础设施提升工程”“农业种植增收工程”和“荆坨村滨河特色发展工程”等一系列发展项目；结合房山区蒲洼乡富合村独特的自然风光，提出了“北京市探秘度假区”“北京市户外徒步拓展基地”的发展定位，提出了5年内发展民俗旅游户20户，户均收入达到15万元以上，打造成为远近知名的“悬崖峭壁上的民俗村”，并从特色种植业、养殖业、乡村旅游业、现代农业支撑体系等多角度出发，规划了一系列切实可行的发展项目。

（三）“一村一品”，实施全产业链帮扶

北京市农林科学院通过对低收入村地理环境、历史文化、特色产业等方面的深入调研，因地制宜，实施了全产业链帮扶工作。在已有对接的低收入村内筛选不同类型、不同产业特点的典型村5个——门头沟清水镇梁家庄村、门头沟斋堂镇白虎头村、顺义杨镇荆坨村、延庆大庄科乡董家沟村以及延庆四海镇前山村，通过整合全院的专家、技术资源，从产前产业规划设计，产中技术帮扶，产后产品策划及宣传等环节开展全产业链精准帮扶，打造出各自的优势特色产业，形成“一村一品”，并构建出不同类型低收入村精准帮扶模式（表2-1）。

表 2-1　5 个低收入村全产业链帮扶情况

村庄	帮扶措施		
	产前	产中	产后
梁家庄村	产业规划： 以乡村产业、生态旅游为主题，以乡村、生态、历史文化为底蕴，以现代农业产业为核心，以蔬菜、林果体验的现代创意为驱动力，实现休闲农业功能有机联动，打造集聚旅游、农产品交易、文化创新、民宿体验、休闲旅游为一体的休闲观光综合体	技术帮扶： 1.帮助梁家庄村建设“梁家庄村百亩芦笋绿色种植基地”，派遣专家团队入驻梁家庄村，从土壤检测、地块选择、项目设计、种植管理、出口销售等各环节进行全过程跟踪指导 2.引入农产品质量追溯技术提升“梁家庄村百亩芦笋绿色种植基地”农产品的质量可信度，提高产品附加值	产品策划及宣传： 1.为梁家庄村建设全景虚拟漫游展示系统和对外宣传专题频道 2.为梁家庄村开发的微信公众平台“京西杏花村大美梁家庄”账号即将投入使用 3.通过“智农宝”电子商务平台，采用“低收入村＋粗加工企业＋电商”的帮扶模式组织加工企业收购杏仁及其他难卖产品
白虎头村	产业规划： 整合文化与生态旅游资源，坚持民俗旅游富民理念，大力发展民俗旅游。通过民宿开发、村庄环境美化等工程，带动关联的红色旅游、金丝小枣、杂粮等产业发展，围绕金丝小枣的种植，重点发展领养枣树、种枣、摘枣、枣片加工等与休闲观光结合的金丝小枣产业。将白虎头村打造成一个休闲民宿基地，一个金丝小枣生产体验基地，一个具有生态观光、康体休闲、文化体验等复合功能的“特色民俗村”	技术帮扶： 1.将白虎头村打造成从“五一”到深秋都有花可赏、有景可看的花海乡村。种植观赏草大约 800 平方米，百合大约 1 000 平方米，菊花 400 平方米，芍药 300 平方米，观赏甘蓝 500 平方米。种植北京市农林科学院自主选育的水果型玉米品种京科甜 183、新型甜加糯玉米品种农科玉 368 两个主栽品种约 20 亩（1 亩≈667 平方米） 2.林果产业发展方面，将为村里示范园补植 500 棵苗木，增加 1～2 个新品种。低产劣质枣园高枝改接 5 亩，促进当年的改接	产品策划及宣传： 1.建设全景虚拟漫游展示系统以及对外宣传专题频道，对白虎头村的村容村貌、农业发展和乡村旅游进行全方位的宣传介绍 2.通过“智农宝”电子商务平台，对白虎头村以金丝小枣为代表的特色农产品进行包装设计、地域品牌策划，打造具有白虎头村特色的“一村一品”

续表 2-1

村庄	帮扶措施		
	产前	产中	产后
		枝开花，提高坐果率和保果率。推广北京地方标准“北京果品等级苹果、梨、桃、鲜食枣”等相关果品在分级中的检验和示范应用。为配合白虎头村山地绿化美化，筛选 3～5 个春季红叶、秋季红叶的黄栌品种，2～3 个不同花色的文冠果品种 3.开通双向视频咨询诊断系统，帮助白虎头村村民解决在种植技术以及病虫害防治方面遇到的问题	
荆坨村	产业规划： 通过西瓜、甜瓜、蔬菜新品种更新，节水、育苗等技术的培训推广，提高产品产量和质量，切实提高农民收入。拓宽传统的销售渠道，结合互联网，以数据科学与农业经济研究所“智农宝”平台进行网上销售，或通过“智农宝”直接与大型商场超市对接。完成特色农产品的包装设计、品牌策划等工作，提升村中农产品的附加值。充分挖掘村庄内报秋河源头的自然景观资源，利用内部闲置民居院落，通过各种旅游创意，最终实现民俗旅游突破性开发	技术帮扶： 1.进行西瓜、番茄、茄子、辣椒等新品种的引进、展示、示范工作，并推广安全高效西瓜嫁接育苗技术和蔬菜育苗技术 2.在荆坨村集中培训 3 次，培训内容主要包括育苗技术、田间栽培管理技术、病虫害防控技术 3.为荆坨村提供双向视频咨询诊断系统，帮助荆坨村村民解决在种植技术以及病虫害防治方面遇到的问题	产品策划及宣传： 1.升级优化荆坨村对外的宣传专题频道，加大对荆坨村文化、历史、乡村旅游以及特色农产品等方面的推介力度 2.建设全景虚拟漫游展示系统，对荆坨村的产业特色、乡村旅游资源和村容村貌进行全方位的宣传介绍 3.通过“智农宝”电子商务平台，为荆坨村策划本年度西瓜节活动，并通过各种合作资源与媒体渠道宣传推广，扩大影响力 4.针对荆坨村的麒麟西瓜和无公害特菜进行包装设计、品牌策划，打造“一村一品”，促使农民增收致富

续表 2-1

村庄	帮扶措施		
	产前	产中	产后
董家沟村	产业规划： 围绕发展村庄民俗旅游产业，优化资源配置，大力发展与民俗旅游业相关的牡丹产业、餐饮住宿服务业以及红色教育体验，突出文化底蕴，拉长产业链，通过“牡丹”主题旅游开发，带动关联的民宿、红色教育、林果、杂粮等产业发展，将董家沟村打造成一个红色旅游基地，一个青少年体验基地，一个具有牡丹观光、康体休闲、文化体验等复合功能的“特色民俗村”	技术帮扶： 1.围绕牡丹科花卉开展产业帮扶，提供三年生油用芍药 10 000 棵，油用芍药丰产期亩产种子 150～200 千克，耐干旱，耐寒性强，可在－40 ℃正常越冬 2.派遣专家团队为董家沟提供种植管理技术，定期到村中观察芍药长势，使牡丹与芍药同期发育，丰富董家沟花卉的品种和花期，发展林下经济 3.提供双向视频咨询诊断系统，帮助董家沟村村民解决在种植技术以及病虫害防治方面遇到的问题	产品策划及宣传： 1.建设全景虚拟漫游展示系统并升级优化董家沟村对外的宣传专题频道，加大对董家沟村文化、历史、乡村旅游以及特色农产品等方面的推介力度 2.通过“智农宝”电商平台，组织加工企业对董家沟的山楂进行加工、销售，提高农民收入 3.促成牡丹加工企业与董家沟村的合作，主要提供牡丹籽油、牡丹花茶、牡丹系列化妆品的生产线与产品，未来形成董家沟自己的牡丹产业衍生产品
前山村	产业规划： 坚持走以食用花卉产业与林果产业提质增效为主线，休闲度假产业配套融合的产业发展路子，以茶用菊花和食用百合的种植为载体，以生态休闲旅游作为产业发展的推动力量，构筑一个自然资源充分利用，农业生产、生活条件全面改善，生态环境有力保护，第一产业内部结构优化并与第三产业有效结合的综合发展模式	技术帮扶： 1.食用花卉产业方面，为前山村提供观食两用百合种球 10 亩，并负责百合种球销售 2.继续为茶用菊花的种植和管理提供技术支持，并负责村民培训 3.林果产业提质增效方面，提供 12 000 个板栗嫁接穗，并负责指导村民完成嫁接和当年的管理。培训村民 5 次 4.提供双向视频咨询诊断系统，随时解决前山村村民在种植技术以及病虫害防治方面遇到的问题	产品策划及宣传： 升级优化前山村对外的宣传专题频道，加大对前山村食用花卉产业、林果产业以及休闲旅游等方面的推介力度。通过“智农宝”电子商务平台展示、销售前山村特色农产品，主要包括茶用菊花、杏仁、板栗等

三、落实专项帮扶活动，发挥人才、科技资源优势

（一）选派第一书记开展帮扶

按照北京市第一书记选派工作相关精神，北京市农林科学院先后选派5名同志赴低收入村进行挂职（表2-2），并初步建立了一套第一书记挂职工作管理机制。一是设立第一书记低收入科技帮扶专项资金，扶持标准为15万元/（年·人），具体用于各项科技帮扶工作所需的材料、劳务、咨询、食宿等相关方面。二是各级领导高度重视，多次赴第一书记挂职村进行调研督导。院内各级领导赴两个第一书记挂职村调研，了解挂职村的发展需求并进行现场协调部署，为第一书记挂职工作的开展提供有力支撑。三是强化技术支撑，服务挂职村产业。围绕两个第一书记挂职村的产业发展需求，分别安排“双百对接”专家、蔬菜研究所陈春秀研究员和王宝驹助理研究员与村对接，为第一书记挂职工作的开展提供技术支撑。四是明确主管处室，加强工作管理。组织处和成果转化与推广处作为第一书记挂职工作的协调管理处室，每季度通过现场考察、电话咨询、报送材料等多种方式及时了解第一书记挂职工作开展情况，协调解决工作中存在的各种问题，确保第一书记挂职工作的顺利开展。

表2-2　北京市农林科学院第一书记一览表

序号	对接村	第一书记	部门	期限
1	密云区冯家峪西白莲峪村	蔡万涛	玉米研究所	2017—2019年
2	门头沟区清水镇梁家庄村	张涛	蔬菜研究所	2017—2019年
3	密云区冯家峪西白莲峪村	马茂亭	植物营养与资源环境研究所	2019—2020年
4	门头沟区清水镇梁家庄村	马国庆	水产科学研究所	2019—2020年
5	门头沟区清水镇李家庄村	吴春林	林业果树研究所	2019—2020年

（二）开展“双结双促”促进帮扶

按照北京市农业农村局的统一部署，北京市农林科学院于2017年4

月在全院范围内启动“双结双促”帮扶活动，组织院直属各支部与低收入村支部结对，各支部在职处级党员领导干部与本支部结对低收入村的低收入农户结亲戚，并通过送政策、送技术、送项目、送温暖的形式对低收入村（户）开展帮扶活动。其间，共组织18个基层党支部与17个低收入村开展支部对接结对子，57名党员干部与57户低收入户结亲戚。2020年7月31日，组织专家采取独立打分的形式对18个“双结双促”项目进行整体验收，所有项目全部顺利通过验收，并涌现出白虎头村、青云店六村、青白口村、荆垞村、小黑垡村等一批帮扶典型。

（三）落地“双百对接”助力脱低

为加大对低收入村（户）增收工作的科技支撑力度，北京市农林科学院积极推动“双百对接”工作与低收入村（户）增收工作相结合，在2017年设立低收入增收“双百对接”专项资金，用于支持科技人员对接低收入村。

据不完全统计，2017—2020年累计设立低收入增收“双百对接”项目93项，涉及昌平区、大兴区、房山区、怀柔区、门头沟区、密云区、顺义区、通州区、延庆区等区的53个村，建立各类低收入增收科技核心示范点5 000亩以上，组织开展各种技术服务、技术培训、现场观摩等2 000多次，培养技术骨干100人，示范推广蔬菜、林果、食用菌、花卉、杂粮、玉米等各类新品种、新技术、新成果300余项（个），带动低收入村实现节本增收超过5 000万元，实现了“双结双促”对接村和第一书记挂职对接村全覆盖，有力助推了当地低收入村（户）增收工作。

（四）建设“科技小院”大显身手

“科技小院”模式起源于2009年中国农业大学张福锁院士团队在河北曲周开展的研究生人才培养实践，后逐步拓展成为农业高等院校开展科学研究、教学培养和社会服务“三位一体”农技推广新模式，并在全国得到广泛示范推广。2018年，由北京市委统战部牵头，借鉴中国农业大学科技小院建设模式，整合北京市农林科学院、北京农学院、北京农业职业学院等农业科研和教学单位，以低收入村增收科技帮扶为主线，按照“零距离、零门槛、零时差和零费用”服务农民原则，以引导和支持广大科技人员和高校师生与农民“同吃、同住、同劳动”为特征，形成了一套集农业科技创新、成果示范推广、人才培养及精准帮扶于一体的北京“统”字牌“北京科技小院”模式。

北京市农林科学院提出了“做好一个小院，带动一个村”和“以驻村专家团队为主体，以农业科技推广为核心，以乡村生产/生活/生态综合服务为导向，打造村级综合服务平台”的科技小院建设思路，制定了《北京市农林科学院科技小院建设及运行规范》，形成了统一 Logo、统一标语、统一外观、统一模式的“四统一”建设标准，提出了“一个专家团队、一个专家工作日、一项田间试验、一个对接户、一个技术骨干、一堂专家培训课”的“六个一”建设目标。该模式已经成为农业科研单位科技小院实践的样板和标准(图 2-1)。先后在门头沟区斋堂镇白虎头村、大兴区青云店镇六村、延庆区四海镇菜食河村建设了科技小院（表 2-3)。科技小院专家团队通过深入调研，因地制宜发展特色产业、进行技术指导、培育职业农民，实现了农民持续增收、低收入村顺利脱低、产业融合发展的目标。在低收入村建立科技小院带领农民致富的模式，被各大媒体作为典型进行广泛的宣传报道。2020 年 4 月 1 日，《北京日报》就白虎头村科技小院进行了题为“农科院进村，白虎头抬头”的报道；2020 年 6 月 18 日，又发了《科技小院大担当》的文章，科技小院帮扶模式受到了社会广泛关注和认同。

表 2-3　北京市农林科学院低收入村科技小院建设一览表

序号	名称	所在村	依托基地	依托单位	低收入村	站长
1	白虎头科技小院	门头沟区斋堂镇白虎头村	机关二支部“双结双促”基地、“双百对接”基地	白虎头村村委会	是	潘青华
2	六村科技小院	大兴区青云店镇六村	植物营养与资源环境研究所“双结双促”基地、“双百对接”基地	六村村委会	是	左强
3	菜食河科技小院	延庆区四海镇菜食河村	延庆四海功能性花卉专家工作站、“双百对接”基地	四海镇政府、四海种植专业合作社	是	黄丛林

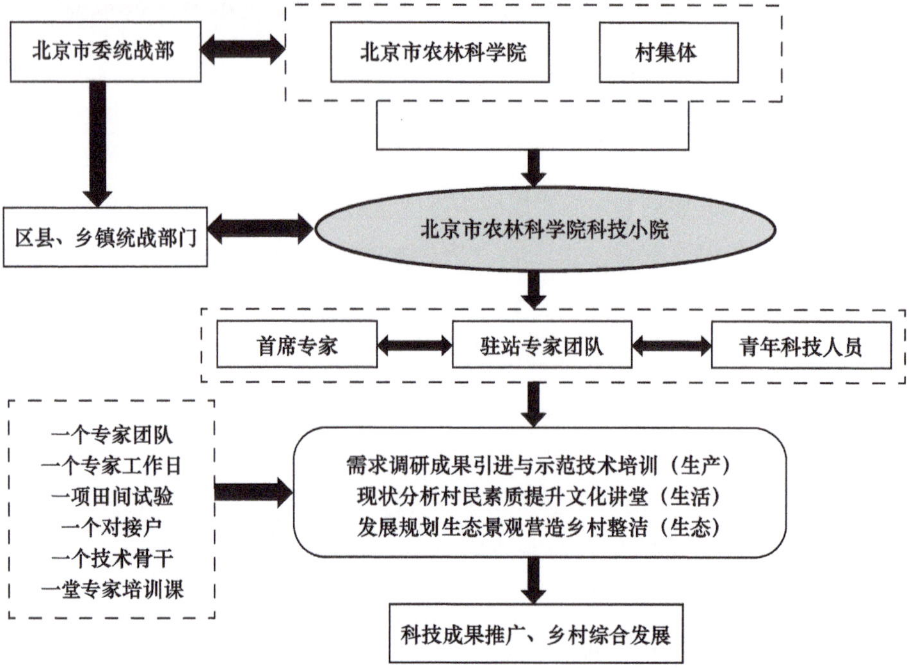

▲ 图 2-1　北京市农林科学院科技工作机制

四、搭建电子商务服务平台，开辟增收新渠道

针对低收入村的电子商务服务，一直以来是一块空白，多是“摸着石头过河”。在农产品电子商务服务方面，北京市农林科学院数据科学与农业经济研究所依托“互联网＋”发展专业化电子商务社会服务，打造出了“智农宝”农产品电子商务平台，在促进农业生产管理更加科学高效的同时，畅通农产品销售渠道，使小农户与大市场更好地对接，提升自主发展内生动力，推动农业提质增效。北京市农林科学院以院属“智农宝”销售平台为基础，积极开展低收入村特色优质农产品的创意设计、广告宣传、品牌打造等市场服务，全面提出电商扶贫新思路，创新电商帮扶新模式，构建北京市农林科学院低收入帮扶电商服务平台网络。四年来，“智农宝”农产品电商平台按照“一年有起色、二年见成效、四年全脱低”的总体思

路，对接帮扶了北京市延庆、大兴、密云、顺义、昌平、门头沟等多个区的 30 余个低收入村，已经发展成为京郊低收入村电商服务中的一支中坚力量。

（一）创新“产业规划＋种植技术＋信息技术＋电商”的精准帮扶新模式

“智农宝”在帮扶工作中不断创新，通过整合北京市农林科学院的各种资源，创建了“产业规划＋种植技术＋信息技术＋电商”的精准帮扶新模式。重点选取延庆区大庄科乡董家沟村、门头沟区清水镇梁家庄村、门头沟区斋堂镇白虎头村、顺义区杨镇荆坨村以及延庆区四海镇前山村这 5 个低收入示范村，根据村特色，细化产业内容，为每个村都做了详细的 3～5年产业发展规划，并绘制了产业发展规划彩图。每年度开展技术服务至少 15 次，受益达 195 人次。通过应用农产品质量追溯系统和全景虚拟漫游展示系统，实现了每个村的动态展示，提高了低收入村的宣传水平。开展的“线上＋线下”立体化营销，每年帮 5 个村销售杏仁、山楂、蜂产品、茶菊、瓜菜等 10 多种优质农产品，5 个村新增加收益累计超过 200 万元。5 个低收入村的“一村一品”主导产业链条也已初见雏形，产业业态多样化和产品品质显著提升，初步具备可持续发展能力和“造血”能力，确保“脱低”后不会“返低”。

（二）加强低收入村农产品线上品牌打造、宣传及销售

通过对低收入村开展图文素材采集、整理，电商团队共设计制作了 18 个低收入村的宣传展示网页，目前已完成网页设计开发并上线运行。针对没有品牌、产品零散且单个品牌上市不成熟的低收入村，通过采取“低收入村＋加工企业＋电商”的产业链帮扶模式，组织“智农宝”进行农产品统一采收、分类、加工、设计、包装，并以“智农宝”为品牌，以“精准帮扶，爱心传递”为主题进行线上线下销售，协助解决低收入村产品销售难的问题。2017 年协助加工企业收购延庆区大庄科乡和密云区大城子镇碰

河寺村的250余吨山楂，产品价值近40万元；成功收购门头沟区清水镇的30余吨杏仁和核桃，产品价值40余万元，并进一步对该镇杏仁、核桃产业开展品牌打造推广工作。针对有自主农产品品牌的低收入村，充分利用“智农宝”平台开展低收入村特色产品宣传推广，在“智农宝”商城开设专区，并通过开展社区公益活动、入驻超市等多种渠道进行宣传和销售。对延庆区刘斌堡乡下虎叫村、延庆区四海镇菜食盒村、延庆区大庄科乡董家沟村、大兴区长子营镇小黑垡村、密云区西田各庄镇新王庄村和门头沟区清水镇黄安坨村等一批低收入村的产品进行了全面展示，实现直接和间接经济效益100万元以上，实现帮扶低收入村整体增收超过5%，提高了低收入村产品知名度和销售量，促进了低收入户增收。

（三）开展线上团购，让低收入村农产品走进社区

自新型冠状病毒肺炎（简称新冠肺炎）疫情发生以来，北京市民的“菜篮子”是否能够得到满足牵动着所有人的心，北京市农林科学院电商平台积极响应，紧急开展了社群团购业务。通过社区团购，让低收入村的特色优质农产品走进社区，一方面全力保障社区居民的蔬果供应，另一方面帮低收入村解决疫情期间的农产品滞销难题。据不完全统计，截至2020年12月底，“智农宝”社群团购业务累计帮助低收入村宣传、展示、推广各类农产品品种及资源200余个，累计销售农产品约70吨。

五、加强人才培训体系建设，扶志与扶智相结合

科技传播是低收入帮扶的重要手段之一，完善低收入人才培训体系，对提高农民素质、加速科技成果转化及推进农业快速发展具有重要的意义。北京市农林科学院在低收入人才培训体系方面开展了相关探索，形成了“一通三化”的模式，即培训资源融通、培训内容精准化、培训形式多样化、培训服务品牌化。自2017年以来，北京市农林科学院专家技术人员开展各类技术指导、培训7 000余次，累计培训各类人员近15万人次，

在低收入村开展各种形式的观摩活动 1 000 余次，培养低收入村各类骨干技术人才近 400 名，基本做到低收入村“日日有服务，周周有培训，村村有骨干”。

（一）培训资源融通

北京市农林科学院通过机制创新、行业联合等方式，促进不同行业和专业的专家资源有效聚集，为人才培训提供师资支持。培训涉及地方特色产业提质增效技术培训、资源环境及生态保护科技培训、新型经营主体提升技术水平培训等多个方面，包括产前、产中、产后全产业链各阶段。通过对农村本土人才培养，围绕青年人才返乡下乡创业创新和新型职业农民培养，培养了知农事、懂农情、解农忧的乡村优秀技术人才，扎实推进了本土人才培养。

（二）培训内容精准化

培训内容精准对接低收入村需求是决定人才培训高效化开展的基础和前提。北京市农林科学院通过实施专题调研来掌握需求，因需施策，开展针对性的培训课程，做到了培训内容精准化。培训课程安排精准，改变过去“一期培训管一年”的做法，形成覆盖农业生产周期的培训安排，强调应时应季培训，培训内容层层递进；培训导师选择精准，根据不同的培训对象和培训内容，选择合适的老师，做到了让老师讲擅长的，让学员听想听的。通过开展精准化的培训，农民学有所成、学以致用。

（三）培训形式多样化

多样的培训形式不仅能提升培训对象的学习兴趣，还能提升培训的效率和覆盖能力。在低收入增收科技帮扶项目实施的过程中，北京市农林科学院充分利用微信、QQ、12396 新农村科技服务热线、现场指导等方式，逐渐形成“线上＋线下”“理论＋实操”和“个体指导＋群体培训”等多种培训形式，为低收入村产业培养了一批农业新型生产技术骨干。

（四）培训服务品牌化

在人才体系建设的过程中，北京市农林科学院强化品牌理念、品牌宣传和质量控制，注重提升培训效果，打造了“京科惠农”培训服务品牌，申报了“京科惠农”农业科技培训服务商标，使人才培训的品牌建设具象化。通过与媒体、主管部门的合作与宣传，品牌效应进一步扩大，培训管理进一步优化，有利于进一步扩大科技培训人员覆盖面及提升培训效果。

第三章

科技引领，北京市农林科学院各所、中心低收入增收科技帮扶纪实

一、信息技术研究中心/智能装备技术研究中心

自低收入增收工作开展以来，信息技术研究中心（简称信息中心）与智能装备技术研究中心（简称装备中心）发挥科技、人才、资源优势，通过“科技惠农”“双百对接”“科技小院”“千名干部科技人员进千村入万户”等形式开展科技帮扶工作，提供设施蔬菜智慧管控、智慧果园、智慧养殖、智慧蜂业、美丽乡村规划设计等多种帮扶服务，在运用数字化、智能化信息与装备技术促进京郊农业产业竞争力和服务水平提升方面提供了科技支撑。总体上集成应用 50 余项技术产品，为 12 个区县、16 个科技小院、28 个低收入村提供农业信息化帮扶服务，提高了乡村生产管理水平及市场竞争能力，在促进农民增收方面取得了显著成效。

发挥人才优势，整合特色资源，全面服务京郊农业产业。根据京郊产业特点和低收入帮扶需求，针对性组织 40 名专家发挥各自专长开展帮扶工作，保障帮扶工作落实到位。在开展工作过程中，整合中心科技条件平台和智慧农业产品等资源，服务全市小微企业 200 余家，提高科技成果转化率，形成具有较强辐射带动能力的经营主体资源；梳理筛选物联网、水肥一体化智能灌溉、农技服务科教云平台等 50 余项先进实用的信息化产品，应用到京郊帮扶工作中，在提高生产管理效率，促进帮扶村/基地/企业节本增效、带动农民增收等方面取得了显著成效。

开展科技小院标准化设计及运转维护，促进精准对接帮扶。为更好地

推动低收入帮扶工作和发挥北京市农林科学院科技小院辐射带动作用，以信息化为纽带，开展科技小院标准化设计及信息化管理运转维护工作。通过定制开发的信息系统平台，对全市 9 个区县的 16 个科技小院及全市 590 个薄弱村和 70 个院对口支持薄弱村进行“一张图”数字化管理，为精准对接帮扶决策提供动态、翔实的数据支撑。

建设智慧农业园区，辐射带动产业升级。为实现促进京郊主导产业优化升级和地区科技服务能力提升目标，在房山、大兴、平谷、密云等区开展设施园艺、智慧果园、智慧蜂业等智慧农业园区建设。通过整合汇聚物联网数字化监测数据，建立农业农村大数据中心和构建智慧农业系统平台等工作，将“园区-集体经济组织-经营主体-农户”有机连接在一起，提供智慧生产、经营、管理、服务、运营“五位一体”服务，推动现代信息技术高效聚集生产要素、强化联农带农机制，促进地区农业增效、产业升级和农民增收。

规划设计智慧乡村，促进产业融合。针对以乡村文化旅游为特色的基地和村户，采用增强现实/虚拟现实（AR/VR）、智慧乡村规划设计和信息化集成等技术服务，以先进的沉浸式体验和数字乡村等形式，挖掘乡村旅游文化内涵，提升用户在数字世界和现实世界的美感体验，服务京郊 5 个帮扶基地、3 个现代农业园区，辐射带动一批农户增收，有效促进乡村产业融合。

培育数字经济新业态，助力乡村振兴。通过特色农产品销售、农业技术培训组织、线下智慧农业科技创新服务中心、线上电子商务营销平台等多模式、多渠道的方式，为通州区永乐店镇老槐庄村、大兴区魏善庄镇李家场村、密云区巨各庄镇蔡家洼村、门头沟区雁翅镇泗家水村设计农产品品牌并提供推广服务，开展专题产品推介活动和技术培训，辐射带动农民增收。通过搭建农科驿站小程序和社区团购平台，对接京郊农业基地 40 多家、专业合作社 20 多家、低收入村 10 余个，实现低收入村产品增值、人员增收，实现农产品生产全过程透明可查看，140 余种特色农产品、助农产品在线销售。

(一)“双结双促”——昌平区流村镇北照台村

1. 北照台村整体概况

北照台村位于流村镇镇域西南部，距昌平城区 35 千米，东与海淀区凤凰岭接壤，南与妙峰山景区毗邻，西部紧邻狼儿峪红色文化古村落，是昌平、海淀、门头沟三区交界的一个山村，生态环境优美，是重点生态保护和恢复区域。

北照台村村域面积 6 780.5 亩，其中村落面积 70 亩，退耕还林 616.9 亩。北照台村是北京市民俗文化旅游村，村域内山场 6 710 亩，自然资源丰富。北照台村的主要经济作物为香椿、核桃、仁用杏，目前全村发展养蜂 6 户 300 箱，民俗旅游 1 户。此外，北照台村拥有“北京市昌平区流村镇北照台村经济合作社”1 个。2016 年经昌平区农业委员会帮助扶持，村内建立了栗蘑种植培养基地，建设栗蘑大棚 70 余个，占地 10 余亩，促进村民增产增收。

全村共有 104 户、240 人，低收入户 9 户共 11 人。截至 2015 年底，村内年人均可支配收入达到 11 990 元。

2. 发展思路及帮扶方向

2017 年，昌平区流村镇北照台村被确定为北京市低收入村，北京市农林科学院信息技术研究中心对接该村，实施科技帮扶，助力北照台村脱低。

发展思路——北照台村生态条件优越，应充分利用昌平山区、半山区林果地优势，大力发展林下经济，提高土地利用率，增加农民收入；在现有资源基础上，以栗蘑为主体产业，建设栗蘑生态园，开发乡村休闲旅游；结合当地特色文化旅游资源，发展生态休闲旅游产业，增加农民创收渠道。

帮扶方向——信息中心通过深入调研北照台村了解其发展需求，就产业规划、建设和提升村内监控及无线网络、建设节水灌溉系统、提供农业物联网技术培训和村务信息化技术培训、建设栗蘑生态园等方面进行重点帮扶。

3. 帮扶内容及成效

（1）为村域产业发展送规划

编制了《北京市昌平区流村镇北照台村农业产业发展规划》，并提交给流村镇北照台村支部委员会。规划实施完成后，村内将会形成以食用菌生产为主，休闲养生为辅的特色产业，结合林下经济发展，使村民收入增加明显，低收入户通过旅游接待、栗蘑生产等，脱离低收入行列。

（2）为村域产业宣传提供手段

组织相关部门制作流村镇北照台村宣传网页，网址为 http：//www.sjsc.ac.cn/bztc/index.html。网站从“历史·古迹”“自然·气候”“产业·发展”三个方面对流村镇北照台村进行详细介绍和宣传。还可以直接链接到“智农宝”电商平台，实现产品的在线订购，通过互联网的方式使流村镇北照台村及其农产品走出大山。

（3）为村内信息化、智慧化发展送设备

为村内核心区域提供网络化提升设备，实现了 Wi-Fi 覆盖全村；提供精准扶贫软件服务，通过建档立卡，摸清贫困人口底数，做实做细，实现动态调整，从而提高扶贫措施有效性；为村内产业主体配置节水灌溉工程设备，实现食用菌或中草药的自动灌溉，节省种植投入，同时能提高产品产量，进而实现增收的目标。

（4）为村民送知识、送温暖

先后为北照台村提供农业物联网技术、村务信息化技术、农业智能装备技术等系列培训，提高了当地农民的信息化水平。同时，在节假日期间，信息中心党总支部多次为低收入家庭送慰问（图 3-1）、送书籍（图 3-2），查看搭建网络使用情况，交流技术需求，落实帮扶工作。

▲ 图 3-1 2017 年春节前夕信息中心领导班子慰问帮扶家庭

▲ 图 3-2 2018 年信息中心张云鹤于北照台村给村民送书籍

（二）双百对接

自 2017 年开始实施“双百对接”项目以来，信息中心与装备中心的专家团队对接了 5 个低收入村基地，具体情况见表 3-1 和表 3-2（节选图片见图 3-3 和图 3-4）。对接专家主要从智慧乡村信息平台搭建、标准化生产、数字化营销等角度出发，开展相关设施设备引进、系统操作培训等工作，为当地村民脱低及持续增收做出了重要贡献。

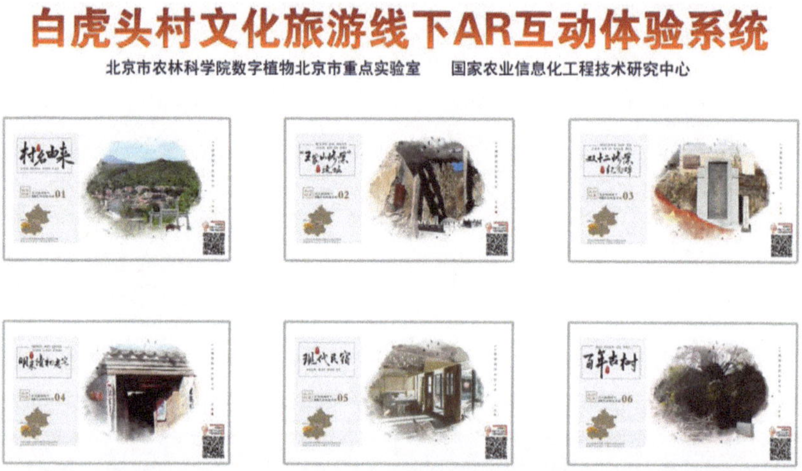

▲ 图 3-3　白虎头村文化旅游线下 AR 互动体验系统

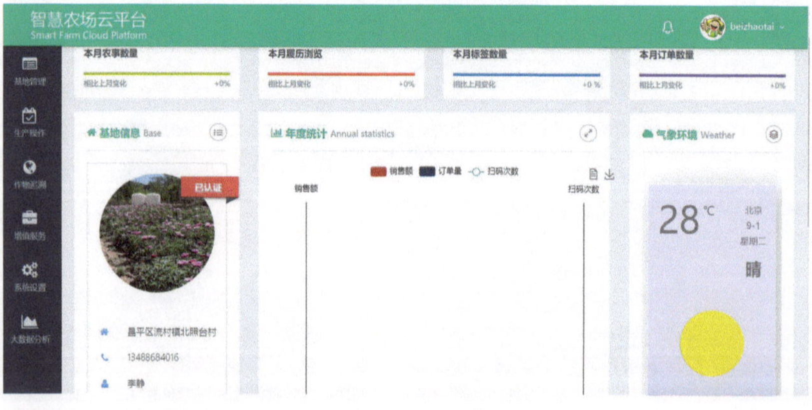

▲ 图 3-4　李明团队为北照台村开发的智慧农场云平台

表 3-1 信息中心“双百对接”项目情况

序号	项目名称	专家	基地位置	解决的主要问题	内容及成效
1	昌平区南口镇后桃洼村科技能力提升	王传宇	昌平区南口镇后桃洼村	草莓标准化生产及数字化营销	1. 为草莓种植户李建立安装温室温湿度传感器，种植户可以以手机短信形式接收到温湿度数据，解决了温室内温度和湿度控制问题 2. 邀请草莓栽培领域专家，成立课题专家组，构建草莓主题科技展示、科普教育的知识体系，制作草莓科技与知识微视频 10 个，时长共计 15 分钟，内容涉及新技术、新品种、新工艺展示，采摘知识和互联网＋农业等内容 3. 开发了 VR 虚拟互动展示系统，以新颖、有趣、互动性强的方式展示基地的优良品种与产品 4. 将基地和产品宣传展示的数字化内容与微信公众号进行整合，并在五星级草莓种植户的带动下进行传播，取得了良好的传播效果
2	北京虎辰旅游专业合作社科技能力提升	郭新宇	门头沟区斋堂镇白虎头村	白虎头村旅游形象宣传	1. 完成素材获取、方案策划等项目前期工作，以及白虎头村文化旅游资源挖掘整理与三维（3D）数据采集及建模工作 2. 完成白虎头村文化旅游线上微信宣传推介系统开发工作 3. 完成白虎头村文化旅游线下 AR 互动体验系统开发工作

续表 3-1

序号	项目名称	专家	基地位置	解决的主要问题	内容及成效
3	昌平区流村镇北照台村科技能力提升	李明	昌平区流村镇北照台村	智慧乡村信息平台搭建	1. 在村里赤芍种植基地安装病虫监控设备 1 套，实现了害虫自动监，减少人力投入，有效提高害虫的监测效率，为农业害虫的综合治理提供重要参考 2. 以农产品生产过程信息管理为基础，为北照台村开发农产品智慧供应链管理与追溯服务系统 1 套，包括前台微信小程序和后台大数据分析系统。前台微信小程序可实现村情信息展示、产品展示、微店下单等功能，后台大数据分析系统可实现绿色生产履历及追溯码自动生成、数据管理分析等功能

表 3-2　装备中心“双百对接”项目情况

序号	项目名称	专家	基地位置	解决的主要问题	内容及成效
1	流村镇北照台村科技能力提升	张云鹤	昌平区流村镇北照台村	提升信息化及智能装备水平	1. 针对村域内网络化运营的实际情况，提供信息化建设、环境监控、防控监控技术及装备 2. 安装示范农药残留快速检测系统 1 套，可实现农药残留量的现场快速检测，增强村民的食品安全意识 3. 安装村务信息化宣传展示系统 1 套，形成完整的农村信息管理体系 4. 为村民提供农业物联网技术、村务信息化技术、农业智能装备技术等培训服务；同时协助申报项目，提供申报区市农口项目技术咨询服务。年累计开展技术指导及培训 6 次以上，培训人员 25 人次

续表 3-2

序号	项目名称	专家	基地位置	解决的主要问题	内容及成效
2	流村镇黄土洼村科技能力提升	段丹丹	昌平区流村镇黄土洼村	农业信息化水平提升	1.达成推广村域安防技术、村域网络联通技术 2 项，推广多功能植保机、作物氮素精准遥感监测成果 2 项，帮助管理黄土洼村 100 亩示范地，实现黄土洼村全村无线网络覆盖。2017 年实现节本增收 7 万元，2018—2019 年共实现节本增收 15 万元 2.组织开展技术培训、技术指导、观摩次数 8 次。针对黄土洼村不同人员开展技术培训，累计培训技术人员及农民 100 余人次 3.对村域内产业技术进行整改，坚持生态导向和环境保护原则，控制改造强度，调整空间结构，促进生产空间集约高效、生活空间宜居适度，良好地保持了村域原有的生态风貌
3	昌平区上口村科技能力提升	余礼根	昌平区十三陵镇上口村	土壤理化性质改善及特色农产品销售	1.通过检测土壤理化性质确定上口村栽培地施肥方案，按配方提供 30 吨有机肥用于甜糯玉米栽培种植，累计推广示范地 35 亩。组织开展技术培训、技术指导 117 人次，完成上口甜糯玉米（北京市农林科学院低收入村帮扶项目）包装盒的设计，并印制 200 份用于上口村特色农产品销售 2.累计组织开展技术培训、技术指导、观摩，117 人次，培训基层技术人员及农民 103 人 3.协助编制《北京市昌平区十三陵镇上口村农业产业发展规划》和开展“双结双促”系列主题活动

二、蔬菜研究所

蔬菜研究所（简称蔬菜所）紧密结合科技帮扶的实际需求，围绕服务创新促发展、深化改革强团队的总体要求，为低收入村的现代农业发展和农民持续增收发挥科技引领和支撑作用。

蔬菜所高度重视并积极参与低收入村（户）的脱贫增收工作，实现低收入村（户）科技需求的精准对接，全面推动低收入增收科技帮扶工作开展。围绕北京市农林科学院“科技惠农”工作，结合“菜篮子”新型主体能力建设，通过搭建蔬菜良种展示与推介平台和蔬菜良种网络信息平台等工作，推进蔬菜新品种、新技术的快速/高效转化。蔬菜所组织36名专家承担双百基地、专家工作站、院镇合作和“科技惠农”等项目70项，建设双百基地56个，涉及低收入村17个。示范推广特色叶根菜类、茄果类、瓜类等高附加值蔬菜新品种280个，耐寒类宿根花卉新品种20个；引进设施蔬菜高效综合育苗技术、设施蔬菜水肥一体化技术、设施蔬菜轻简化栽培技术和病虫害防治技术等新技术、新设备、新模式40项。对京郊蔬菜种植园区、农户、全科农技员、郊区技术员、低收入村进行现场指导1 500余次，组织集中培训400余次，培训技术骨干11 000余人。重点扶持低收入户145户，2 600名低收入农民直接受益。

（一）“双结双促”——顺义区杨镇荆坨村

1. 荆坨村整体概况

荆坨村位于杨镇东南方向。杨镇自古便是华北地区商品集散地，位于北京市顺义区东部九镇中心，是首批国家小城镇、北京市总体规划确定的重点镇、顺义新城规划的重点镇。

荆坨村村域面积500亩，耕地面积2 379.5亩。村经济主要以农业大棚种植为主，有钢架大棚 400 亩，西瓜、蔬菜是本村的主要经济作物，上半年种植西瓜，下半年主要种植生菜、茄子、番茄，无企业。

该村共有住户 397 户，总人口 947 人，其中农户 247 户，低收入户 153 户，低收入人口 327 人，低收入农户占全村农户总数的 62%。2016 年村人均劳动所得达 12 532 元。

2. 发展思路及帮扶方向

2017 年，顺义区杨镇荆坨村被确定为北京市低收入村，北京市农林科学院蔬菜研究中心对接该村，实施科技帮扶，助力荆坨村脱低。

发展思路——经过深入调研，发现荆坨村主要以发展种植业为主，存在品种单一、栽培技术落后、缺乏有农业特长的高技术人才、销售渠道不畅通等问题，造成农产品价格低廉，农民丰产不丰收的现象。应以市场为导向，提升种植业发展水平，切实提高农民收入，实现持续创收。

帮扶方向——以建设“顺义区创意新村”和“美丽乡村”为目标，针对当地特色产业，围绕居民居住村落，打造“西瓜大田种植区”和“设施农业种植区”。整合专家、技术资源，从产前产业规划设计，产中技术咨询、优良品种支持，产后产品品牌策划、宣传及销售等环节开展全产业链精准帮扶，因地制宜，打造优势特色产业，实现产业增值增效、农民增收创收。

3. 帮扶内容及成效

（1）送政策

蔬菜所对国家精准脱贫政策进行了深入宣传，落实到每个帮扶对象，并根据对农业发展政策、对农业生产的补贴政策进行推进和协调（图 3-5）。

（2）送技术

蔬菜所根据顺义区荆坨村技术需求情况，对村内主要栽培西瓜和蔬菜新品种进行更新，提高品种的抗病性、产量和品质，示范了京欣、华欣等西瓜品种，仙客、硬粉等番茄品种，京茄黑宝、黑骏等茄子品种，国福系列甜辣椒、京研系列黄瓜等品种。推广安全高效西瓜嫁接育苗技术和蔬菜育苗技术，共推广西瓜嫁接育苗技术 50 亩，蔬菜集约化育苗技术 50 亩。为基地设施蔬菜安全生产提供定期田间指导和集中技术培训（图 3-6）。组织规划部门编制低收入村产业发展规划 1 份，组织相关部门制作低收入村宣传网页。通过各种科技服务方式，在协议期限结束时，促进该基地年新增经济效益 10 万元，增幅达到 15%（≥10%）。带动北京市顺义区杨镇荆坨村贫困户致富，共带动农户 100 户。精准对接 3 户，每户年收入可达 22 000 元。

▲ 图 3-5 蔬菜所在荆坨村进行国家政策宣传和解读

▲ 图 3-6 蔬菜所专家对荆坨村低收入户进行育苗技术指导

（3）送活动

蔬菜研究中心党支部对荆坨村贫困户进行慰问，并给他们发放慰问品，使他们感受到政府给他们的温暖和关怀，树立他们脱低的信心。组织北京市农林科学院数据科学与农业经济研究所领导、技术人员与荆坨村的领导、技术人员对接、座谈，探讨电商、微电商和产品包装、品牌建设事宜，并建立远程视频技术咨询技术平台。组织荆坨村麒麟西瓜节活动和微信好友线下采摘活动，经过多种形式的推介，收到了良好的宣传效果。

（二）双百对接

自 2017 年以来，蔬菜所的 13 位专家先后以项目为依托开展促进低收入村增收工作，具体情况见表3-3（节选图片见图3-7和图3-8）。对接基地分布在房山区、大兴区、密云区、顺义区、延庆区、门头沟区、通州区等6个区的16个低收入村内。主要针对当地蔬菜产业发展面临的瓶颈问题，通过引进高附加值、品质优良的新品种，并示范、推广对应的绿色、高效配套栽培技术，实现当地蔬菜产业的提质增效。鉴于很多低收入村有着良好的林地资源，蔬菜所在适合的低收入村大力推广林下经济发展，通过引进高效林下种植模式，提高土地资源利用率，促进休闲乡村旅游、采摘农业的发展，有利于实现产业融合和低收入村（户）增收。

▲ 图3-7　西白莲峪村网纱技术种植高品质南瓜

▲ 图3-8　陈春秀研究员现场指导低收入户种植茄子

表 3-3 蔬菜所“双百对接”项目情况

序号	项目名称	专家	基地位置	解决的主要问题	内容及成效
1	大石窝镇惠南庄村科技能力提升	梁毅	房山区大石窝镇惠南庄村	引进并筛选出高附加值的蔬菜优良新品种；集成优良新品种的绿色、有机、高产、高效配套栽培技术	1. 建立惠南庄有机蔬菜与鲜切菜品牌种植基地。3 年为该村低收入户累计提供生产用苗 400 万株。示范推广面积 25 亩，辐射带动面积 500 亩，累计 1 000 亩。年销售有机蔬菜与鲜切菜收入达到 240 万元 2. 制定蔬菜无公害生产技术操作规程 9 项，集成推广胡萝卜与洋葱高产、高效有机配套栽培技术 2 项 3. 开展农技人员及农民培训与技术指导 15 次，共计培训 300 人次 4. 累计吸引资金1 000万元。实现该村合作社低收入户年均收入从 2 万元提升到 2.5 万元，增长 25%
2	大兴区长子营镇小黑垡村科技能力提升	梁毅	大兴区长子营镇小黑垡村	引进林下高效益种植模式；提供提质、增效、绿色配套栽培技术	1. 建立小黑垡村林下蔬菜与甘薯等种植基地。为该村低收入户累计提供生产用种子 100 千克、种苗 100 万株。示范推广面积 100 亩，辐射带动面积 900 亩，累计 1 000 亩。年销售林下种植有机蔬菜收入达到 180 万元 2. 制定林下种植胡萝卜与洋葱高产、高效有机配套栽培技术 2 项 3. 开展农技人员及农民培训与技术指导 8 次，共计培训 100 人次

续表 3-3

序号	项目名称	专家	基地位置	解决的主要问题	内容及成效
3	北京利松花卉种植中心科技能力提升	周涤	密云区新城子镇太古石村	村域景观整治；宿根花卉产业效益提升	1.整治河套区域和入村道路两侧等景观面积 15 亩，3 年累计示范种植面积 35 亩 2.推荐种植花卉种类 19 个，共 21 个品种。提供一二年生及宿根花卉种子 17 千克，种苗 65 000 芽（盆），优选适生种类（品种）13 个 3.2017 年重点扶持特困户就业 3 户，户均收入由 2016 年末的 8 000 元左右增加到 2019 年末的 12 000 元以上 4.3 年累计服务时常达到 9 个月，累计开展技术培训 20 次，158 人次；培养技术骨干 4 人
4	杨镇荆坨村科技能力提升	陈春秀	顺义区杨镇荆坨村	解决蔬菜种植品种单一、育苗困难等问题	1.重点推广高品质效益麒麟西瓜——8424 品种，3 年来累计推广面积 400 亩，为荆坨村增收共计 336 万元，增幅达 26.5% 2.推广西瓜嫁接育苗技术和蔬菜育苗技术，3 年育苗共计 525 万株，满足 400 亩西瓜和 200 亩蔬菜用苗 3.推广水肥一体化节水灌溉技术，实现 200 亩地水肥一体技术应用 4.为荆坨村低收入户进行技术培训 6 次，现场指导 35 次，共培训和指导 1 050 多人次

续表 3-3

序号	项目名称	专家	基地位置	解决的主要问题	内容及成效
5	北京密云区冯家峪西白莲峪村科技能力提升	陈春秀	密云区冯家峪西白莲峪村	筛选出适合西白莲峪“金瓜谷”的观赏南瓜和高品质商品品种；解决西白莲峪村蔬菜育苗及高效栽培问题	1. 建立 50 亩特色“金瓜谷”，引种以南瓜为主的特色品种 62 个，筛选出 42 种观光采摘适用品种和 3 种高品质商品品种 2. 对灌溉方式进行改造，地面有滴灌，地上部有喷灌，确保生产顺利进行 3. 3 年共现场指导及现场培训 120 次，共计 240 天，指导和培训近 3 600 人次，培养了 3 名技术人员
6	永宁镇西关村科技能力提	耿三省	延庆区永宁镇西关村	解决蔬菜品种单一老化、育苗技术落后、栽培管理技术落后、无公害用药等问题	1. 引进保护地辣椒新品种 8 个，最终确定 3 个辣椒新品种：京甜 3 号、国福 907 和国福 908 2. 推广辣椒高产、高效栽培管理技术，累计示范面积 45 亩。每年累计科技服务时长达 2 个月，每年累计开展技术指导及培训 3 次，3 年共培养技术骨干 6 人，指导和培训菜农累计 62 人。2019 年项目完成时使 10 个示范户户均年收入增长 30%
7	清水镇梁家庄村科技能力提升	王宝驹、张涛	门头沟区清水镇梁家庄村	适于观光采摘的设施蔬菜新品种引进与示范蔬菜节水、节肥、安全、高效生产技术体系建设	1. 引进西瓜（华欣）、番茄（京番 308）、绿菜花（耐寒优秀、炎秀）、观赏瓜（飞碟瓜、龙凤瓢、佛手瓜、福瓜）等适宜生产及观赏采摘的品种 8 个；引进秋葵、马齿苋、蕨菜等特色叶类蔬菜品种 4 个、芦笋品种 3 个 2. 引进肥水一体化配备滴灌的节水灌溉技术，并进行试验示范。该技术将水肥合为一体，通过智能控制，根据作物需求直接将所需水肥利用滴灌输送到作物根部，能够实现更节水、节能、节肥和节省人工 3. 建立芦笋绿色生产示范基地。现已建成 100 亩生产基地，引进芦笋品种 3 个（格雷斯、鹰牌、美国王子），在当地起到了良好的示范带动作用

续表 3-3

序号	项目名称	专家	基地位置	解决的主要问题	内容及成效
8	通州区西集镇吕家湾村科技能力提升	张万清	通州区西集镇吕家湾村	丰富观光采摘果园品种，提高土地附加值	1.通过品种筛选和试验，建立京玉绿宝、京玉墨宝、京玉羊角酥 3 个耐弱光的甜瓜品种林下休闲采摘栽培技术规程 2.根据樱桃、苹果测土配方施肥、科学整枝、病虫害防治等一系列管理技术措施，带动低收入农户在树下种植甜瓜，达到了幼果林下种植甜瓜年亩增产值 1 300 元
9	延庆区刘斌堡乡马道梁村宿根花卉基地科技能力提升	卫尊征	延庆区刘斌堡乡马道梁村	北京景欣昌利种植专业合作社宿根花卉栽培品种更新及技术提升	1.引进并筛选山地适生宿根花卉栽培品种：2 个自育玉簪品种京科紫雀和京科紫苑，分别育成 0.5 万棵和 1.0 万棵；3 个桔梗、鼠尾草、射干优选系，分别育成为 1 万棵（芽）、1.5 万棵（芽）和 3.0 万棵（芽） 2.重点选择更为耐寒、耐旱、耐瘠薄的玉簪京科紫苑，鼠尾草和射干作为示范推广对象。先后提供包括玉簪林下栽培、射干露地栽培、鼠尾草和桔梗间作等 3 项主要田间栽培管理技术，以及玉簪分株繁殖、射干种子繁殖和鼠尾草种子繁殖等 3 项种苗生产技术 3.闲置地及相关用地的景观示范。初步利用马道梁村农耕地和西侧暴雨顶山的周围闲置地块进行野花花海景观示范，已建设 10 亩左右，具体以蓝色鼠尾草和黄色射干栽培为主

续表 3-3

序号	项目名称	专家	基地位置	解决的主要问题	内容及成效
10	密云区石城镇黄峪口村科技能力提升	刘立功	密云区石城镇黄峪口村	对原有蔬菜品种进行更新换代，推广高产抗病、适合山区栽培的优新品种和配套的栽培管理技术；推广适合林下种植的蔬菜品种；解决山区节水灌溉问题	1.引进春秋露地各茬口蔬菜新品种 20 余个，成功推广 10 余个，引进和筛选适合林下种植的蔬菜品种 3 个 2.针对山区土地贫瘠、灌溉设施不发达的情况，在山坡地安装膜下灌溉系统 1 套，推广山区节水滴灌技术 1 项 3.推广高产抗病、适合山区栽培的优新品种和配套的栽培管理技术。组织专家现场指导和开展技术讲座 12 次，培训种植户和技术人员 120 人次 4.该村山地大部分种植板栗，在林下或板栗小树苗期间种植耐阴蔬菜（瓜类、豆类、叶菜等），发展林下间作套种模式 5.低收入户的年人均可支配收入增加 25%以上，从项目实施开始的人均 9 000 元提升到项目结束时的 12 000 元左右
11	延庆区刘斌堡乡下虎叫村科技能力提升	屈广琪	延庆区刘斌堡乡下虎叫村	解决该地区严重缺水灌溉问题；丰富蔬菜种植种类	1.采用微喷覆膜节水技术，每年节水 70%以上、省工 50%以上。推广示范面积 20 亩 2.引进推广适合山区种植的茄果类等其他蔬菜品种 45 个，特种蔬菜新品种 25 个 3.工厂化穴盘育苗技术的推广。根据农业专业合作社的具体情况，培训当地技术人员 2 名，提高了育苗质量，减少了人工使用，节水、节种，进一步增加了经济收益

续表 3-3

序号	项目名称	专家	基地位置	解决的主要问题	内容及成效
12	齐家庄中药材示范基地	屈广琪	门头沟区清水镇齐家庄村	解决药材灌溉技术落后；推动当地种植业的多样化发展	1.推广覆膜微喷灌溉技术，每年可节水 70%、省工 50%。推广示范面积 50 亩，主要在种植中药材和林下蔬菜、玉米等经济作物的地块进行 2.引进蔬菜新品种 58 个，从中筛选出适合该地区高海拔生长的蔬菜新品种 32 个；引进和筛选鲜食玉米 3 个、粥用玉米 1 个。在种植业方面的经济效益提高了 20%以上 3.重点支持该村 6 户低收入户，帮助他们掌握中药材和蔬菜新品种的栽培技术，使每户在种植业方面的收入达到年收入 6 000 元以上 4.通过项目实施，培养该村技术人员 3 名，使他们充分掌握中药材和蔬菜等经济作物的栽培技术
13	门头沟区潭柘寺镇南辛房村科技能力提升	屈广琪	门头沟区潭柘寺镇南辛房村	山区梯田地块的节水灌溉问题；蔬菜和玉米新品种引进；提高当地技术人员和农户栽培技术水平	1.推广 10 亩微喷覆膜节水技术，每年节水 70%以上，省工 50%以上 2.总计引进蔬菜和玉米新品种 25 个，正进行评估和筛选 3.培训当地技术人员和农户 40 余人次，主要通过实地交流和咨询进行

续表 3-3

序号	项目名称	专家	基地位置	解决的主要问题	内容及成效
14	延庆区张山营镇后黑龙庙村科技能力提升	王永勤	延庆区张山营镇后黑龙庙村	提高村内支柱产业——葡萄种植效益	1.引进 30 个洋葱品种在葡萄林下开展试验，筛选出适合林下种植的洋葱品种 6 个；根据葡萄栽培管理特点，制定葡萄林下洋葱栽培关键技术，进行示范推广 200 亩，亩增收 2 000 元 2.根据后黑龙庙村民及产业的实际科技需求，编写了葡萄贮藏保鲜培训手册，开展培训农民 223 人次 3.利用蔬菜研究中心的便利，为村民免费提供蔬菜优良品种，并推广栽培技术；为葡萄种植户免费提供钾肥，提高了葡萄的品质
15	门头沟区清水镇达摩庄村科技能力提升	潜宗伟	门头沟区清水镇达摩庄村	适宜山地栽培的新优品种的筛选与示范；蔬菜栽培及时示范与推广	共筛选出适合山地栽培的蔬菜品种 3 个：白菜京箭 70、萝卜满堂红、菠菜京菠 700。3 个蔬菜品种均表现出产量高、品质优的特性
16	延庆区张山营镇后黑龙庙村科技能力提升	张宝海	延庆区张山营镇后黑龙庙村	提升蔬菜采摘园区品种及种植水平，提高其采摘性、观赏性和科普性	1.对 30 亩蔬菜采摘园（新品种葡萄引进示范园）进行了种植规划，进行了轮作倒茬及边角适宜种植品种的安排 2.通过实践种植及客户评价，筛选出水果甘蓝、牛心甘蓝、京科糯 336、水果番茄、樱桃番茄、京脆 1 号、京翠 60 等多个优良品种 3.培养当地技术人员 2 名

三、林业果树研究所

根据北京市农林科学院低收入科技帮扶工作方案，林业果树研究所（简称林果所）通过选派第一书记、“双结双促”、建立科技小院、实施“双百对接”项目、“千名干部科技人员进千村入万户”等形式，积极投身低收入科技帮扶工作，对接门头沟、延庆、密云等区的8个低收入村，通过引入新品种、新技术、新理念，提升服务对象的生产经营能力，实现对接村全面脱低。林果所的专家针对低收入村的资源禀赋和产业基础，从杏及仁用杏、板栗、草莓、枣、软枣猕猴桃等果树的良种引进、栽培技术升级、产级包装、标准化、种苗产业培育等方面入手，改变原有的生产、生活模式，带动了低收入村的经济和社会发展。

针对斋堂镇白虎头村550多亩金丝小枣产业主要问题，潘青华团队成立科技小院，推广示范枣生产及产品分级标准化；引进8个适应于该地立地条件和气候条件的优良鲜食枣品种，提供5 000株良种苗、20 000多个接穗、50吨有机肥及2年量的无公害病虫防治农药；完成高枝改接100亩，新品种示范50亩，裂果率降低30%以上，落果率降低35%；举办培训班和田间指导20次，聘请10位专家举办1次科技大讲堂，推广高枝改接技术、早实丰产技术、无公害病虫防治技术、枣疯病预防技术、枣果开裂防控技术等，听课学员达500余人次，培养乡土技术骨干3人。扶持10户低收入户，2019年低收入户平均收入比2016年提高39%。第一书记吴春林挂职清水镇李家庄村，在积极参与村委重大事项决策的同时，积极发挥自身优势，为当地引进猕猴桃良种，搭建猕猴桃廊架，引入园林树种、草种美化环境，宣传销售李家庄特产高山芦笋，在促进村集体、村民收入增加的同时，完成了村容村貌的改善，为当地脱低和振兴贡献了林果科研人员的力量。围绕杏及仁用杏产业，林果所杏李团队以香营乡新庄堡为示范基地，为当地引入杏新品种100余个，进行山杏改造，打造出华北地区品种最为多样的杏基地，同时推广配套栽培新技术，培训技术人员，打造“金剪子”果树服务队品牌，显著提高了当地果树生产水平和农民收入。

此外，在开展帮扶工作的过程中林果所发现低收入究其根源，有资源禀赋的原因，有产业选择的原因，但最核心的原因在于人和人口。因此，通过美丽乡村、新型产业吸引年轻人回乡才是解决低收入村脱低致富、实现乡村振兴的必由之路。

（一）“双结双促”——门头沟区雁翅镇太子墓村

1. 太子墓村整体概况

太子墓村位于雁翅镇中部，永定河沿岸，是京郊典型的老龄化偏远山村。

太子墓村村域面积 7.51 平方千米，其中耕地面积 43 亩，林地 9 395 亩。太子墓村无工商业，农业以苹果种植为主，全村有约 500 亩果树地，人均 1 亩左右，苹果年总产量约 600 吨，亩产约 1 200 千克。2007 年，在太子墓村苹果协会的基础上，注册了太子墓村苹果种植专业合作社，共有社员 156 人，其中专职技术人员 10 人。玉米种植面积 42.5 亩，年产量 4.25 吨。休闲旅游依托的特色资源为永定河湿地、两岸高山、太子墓村史、古树、古庙、古民居、苹果景观及采摘等，民俗旅游户 3 户，闲置农宅 20 个，可用面积共 2 000 平方米。

全村总农户数 156 户、365 人（另有居民户口 65 户），其中低收入农户 94 户、156 人。2016 年太子墓村经济总收入达 1 893.6 万元，人均 15 064元。太子墓村以苹果生产为主要收入来源。

2. 发展思路及帮扶方向

为推动太子墓村全面实现脱低目标，2017 年林果所通过“双结双促”项目对门头沟区雁翅镇太子墓村进行科技帮扶，助其脱低。

发展思路——太子墓村老龄化问题严重，针对劳动力缺乏、老龄化严重、土地分散、管理落后等山区果树产业存在的问题，应加快土地流转，解放劳动力，发展生产力。针对当地优势特色产业，应大力发展林果产业、休闲农业与乡村旅游，以富士苹果为主题，建设生态农业、休闲农业和科技农业。盘活农村农用地资源、农村集体建设用地、生态资源和人文资源“四大资源”，拓宽产业链，实现一二三产业有机融合。

帮扶方向——针对太子墓村果树栽培的特色产业，引进果树良种良法，结合观光采摘、休闲农业、农家乐等进行适度规模集约化经营，提升产业附加值，探索适合太子墓村果树产业可持续发展的道路，拓宽农民增收渠道。重点低收入帮扶户能够掌握现代果园管理技术，果园经营水平显著提高，年人均可支配收入有较大增长。坚持走可持续发展道路，在保证原有自然景观不受破坏的前提下，对环境进一步绿化和治理。通过改造果园、营造各种景观等项目的实施，既维护了生态环境，又取得了一定的经济效益，最终让民俗旅游和林果业成为当地特色的主导产业，成为村民收入的主要增长点。

3. 帮扶内容及成效

(1) 果园改造，建立示范园

太子墓村苹果园多为20世纪90年代左右建设的乔化果园，是当时周边有名气的苹果产区。然而，随着农业科技的快速发展和树龄的增加，加之果园疏于管理，太子墓村苹果园出现了品种结构不合理、树体郁闭、土壤板结酸化、病虫害加重等一系列问题，果园产量和品质逐年下降，效益下滑，投入少、产量低、品质差的恶性循环加重。苹果产业发展岌岌可危，引进新品种和现代化栽培技术对于该村苹果产业发展而言已迫在眉睫。

建立现代苹果矮化栽培示范园。率先使用盛果期苹果大苗建立现代苹果矮化密植高效示范园4亩，2018年实现亩产1 000千克以上，优质果率85%以上。打消了果农对结果时间长的顾虑，示范园取得圆满成功，有效带动本村农户种植苹果的积极性，并辐射到周边村庄。

低效果园改造。针对村70亩低效园面临的技术问题，制定详细的改造方案，并提供有机肥、复合肥、磷酸二氢钾叶面肥、过磷酸钙，2018年低效园实现增产30%，增收约10万元，果实品质显著提高（图3-9）。另外，丰富果树类型，帮助村引进葡萄优新品种4个，指导建设葡萄长廊100余米，葡萄长廊成为采摘园新景观、新亮点；同时帮助村引进桃优新品种 2 个，指导建设桃 Y 形栽培示范园，丰富了村观光采摘的树种品种，提升了观光采摘品质。

▲ 图 3-9 2019 年低效苹果园改造结果情况

(2) 送知识，送农资

农资帮扶。帮助村引进苹果、葡萄、桃优新品种 12 个，提供优质果苗 480 株，为 144 户果农提供优质果袋 200 箱 60 万个，为示范基地、低效果园提供有机肥 12 吨、复合肥 8 袋、磷酸二氢钾叶面肥 20 袋、过磷酸钙 17 袋。为 100 余户果农提供园艺工具（剪子、锯）50 套、农药 28 桶。

技术培训。开展果树栽培技术培训 9 场次，培训村技术骨干、果农 130 多人次，培训内容包括果树修剪、病虫害防治、花果管理、肥水管理及现代矮化高效栽培配套技术等，推广优新技术和物化成果 15 项。为果农购置《现代苹果高效栽培实用新技术》《苹果精细管理十二月（果园精细管理丛书）》《苹果病虫防治第一书》《苹果 梨 大樱桃 葡萄栽培技术》《苹果优良品种及无公害栽培技术》实用技术系列图书 92 册，果农果园管理水平和栽培技术显著提高。

（二）双百对接

自 2017 年以来，林果所的 8 位专家先后与昌平区、房山区、门头沟区和延庆区等区的低收入村基地进行对接，承担了北京燕栗来板栗专业合作社科技能力提升、南窖乡南窖村科技能力提升、斋堂镇白虎头村科技能力提升等 8 个“双百对接”项目，具体情况见表 3-4（节选图片见图 3-10 和图 3-11）。针对当地板栗、核桃、杏等产业发展进行产前规划，产中良种引进、技术提升，产后包装销售等帮扶工作，提升了当地种植业技术水平及农产品质量，实现了农民脱低与持续增收。

▲ 图 3-10　王玉柱带领农户到外地果园观摩

▲ 图 3-11　董宁光在黄土梁村指导麻核桃冬季修剪

表 3-4 林果所“双百对接”项目情况

序号	项目名称	专家	基地位置	解决的主要问题	内容及成效
1	北京燕栗来板栗专业合作社科技能力提升	胡广隆	昌平区延寿镇北庄村	燕栗来板栗运输、销售问题	1.完成糖炒板栗快递包、自热保温袋、家用板栗开口器研发。糖炒板栗快递包和自热保温袋已经获得授权实用新型专利，两种产品可以使产品在运输途中以最适温度送达消费者。家用板栗开口器很好地解决了目前家庭炒食板栗受烹饪工具限制，特别是市面上缺乏安全高效的家用板栗开口装置导致的板栗消费需求不高的问题
2	南窖乡南窖村科技能力提升	曹庆昌	房山区南窖乡南窖村	板栗产业提质增效问题	1.良种引进。引进 7 个良种，其中燕昌早生、燕红、燕山早丰 3 个品种结果性状表现良好，有当年嫁接当年就结果的品种，有嫁接第一年第二年连续结果的品种 2.进行低产大树改造。2017 年与 2016 年产量持平，但板栗品质得到了提高；2018 年比 2017 年株产高出 5 千克，每株产值增加了 60 元，改造效果初显；2019 年产量及产值比 2018 年略有增加 3.经过 3 年的实施，示范园板栗产量提升 85%以上，产品质量提升 25%以上，生产效益提升 85%以上 4.3 年累计示范面积达 60 亩，累计增收 8.3 万元，辐射带动 2 500 亩，累计增收 82.5 万元，对当地经济具有显著提升作用

续表 3-4

序号	项目名称	专家	基地位置	解决的主要问题	内容及成效
3	斋堂镇白虎头村科技能力提升	潘青华	门头沟区斋堂镇白虎头村	提升枣产量和质量，提高村民枣树种植水平	1.示范推广 8 个在北京地区适应性强、品质优良的鲜食枣品种，示范面积 50 亩，新品种示范园成活率达 95%，2019 年平均单株产果 8 千克以上 2.改造低产劣质枣树 100 亩，低产枣园改造成活率达 95%，当年部分改接枝结果，2018 年结果率达 90%，2019 年平均单株产量达 15 千克 3.示范核心技术 3 项，在提供丰产管理技术后原枣园枣果亩产量比 2016 年平均提高 40%，裂果率降低 30%以上
4	延庆区张山营镇胡家营村科技能力提升	姚砚武	延庆区张山营镇胡家营村	村落景观提升	1.为本村引进华源发黄杨、宽瓣扶芳藤、红脉扶芳藤 3 个常绿阔叶植物新品种，同时还引进丝棉木砧木资源 100 株，用于发展常绿阔叶植物。在村内及周边建立示范点 5 个，2020 年春季又在镇政府绿化区布置新的示范点 1 个 2.经过越冬锻炼，苗木成活率达到 82%以上。经过近 3 年的连续观察，华源发黄杨、宽瓣扶芳藤基本适宜当地环境 3.推广指导了华源发黄杨培育技术、宽瓣扶芳藤繁育技术及容器苗生产技术

续表 3-4

序号	项目名称	专家	基地位置	解决的主要问题	内容及成效
5	门头沟区清水镇李家庄村科技能力提升	吴春林	门头沟区清水镇李家庄村	提升农民果树庭院种植能力；提升村庄景观设计	1. 为全村 72 户庭院建造棚架，指导种植猕猴桃，提升农民庭院种植果树能力，这样既能起到庭院绿化作用，又能收获一定的经济效益 2. 先后引种乔木（美国白蜡、紫叶稠李、麻核桃等）、灌木（铁杆海棠、榆叶梅等）、花木（月季及地被植物扶芳藤）和观赏草，满足绿化实用功能，给村民以美的享受 3. 进行现场培训 5 次，共 50 余人，培养专业技术骨干 10 人
6	北京盈农同创科技有限公司科技能力提升	钟传飞	门头沟区清水镇黄安坨村	草莓高海拔育苗产业发展问题	通过向北京盈农同创科技有限公司提供技术服务，在门头沟清水镇建立草莓高海拔育苗基地，推广草莓穴盘苗南繁北育技术，繁育穴盘苗 30 万株，为孵化出高海拔育苗产业奠定了基础
7	延庆区大庄科乡黄土梁村核桃低产园科技能力提升	董宁光	延庆区大庄科乡黄土梁村	核桃、麻核桃产业提质增效	1. 核桃整形修剪技术推广。确定合理的群体结构和树体结构，示范推广壮枝/壮芽结果、下垂枝和平斜枝枝势稳定、老树更新等配套的整形修剪技术，实现核桃园的优质持续丰产 2. 麻核桃高产栽培技术示范推广。针对麻核桃坐果率低、坚果品质差等问题，示范推广麻核桃整形修剪、土肥水管理及花果管理等技术

续表 3-4

序号	项目名称	专家	基地位置	解决的主要问题	内容及成效
					3. 改造低产核桃园后，2020 年比 2019 年株产高出 5 千克，每株产值增加了 60 元，改造效果初显；改造低产麻核桃园后，2020 年比 2019 年株产高出 50 个，每株产值增加了 150 元
8	延庆区香营乡新庄堡村杏产销协会	孙浩元	延庆区香营乡新庄堡村	提升协会服务、创新能力	1. 为协会成员提供果树新品种苗木繁育技术指导，通过培训果树育苗技术，培养育苗技术能手 10 名，使他们熟练掌握苹果、海棠、杏、李等果树良种苗木繁育新技术，以及杏、李无性系砧木繁育技术 2. 提供果树良种及产销信息，建立杏、李、苹果、海棠等果树良种苗木繁育基地，通过连续 3 年的科技服务，在该村建立果树良种育苗基地 100 亩，年产达到 60 万株，产值达到 800 万元以上

四、玉米研究所

为落实《北京市农林科学院关于推进低收入村（户）增收科技帮扶工作的意见》要求，北京市农林科学院玉米研究所（简称玉米所）与京郊多个经济薄弱村结对共建，补齐农村基层党组织在扶贫工作中的科技短板，增强农村基层党组织科技示范、引导、战斗堡垒作用。专家团队以玉米新品种与配套良法为切入点，进村入户、躬身实践，根据帮扶地区的地理位置、生态环境、人员情况、市场需求、基础设施等情况精准施策，探索出一条务实有效的科技帮扶之路。

玉米所专家进村入户，深入农业企业、农民合作社、种植大户进行调研，了解现状及需求情况，针对帮扶对象自身特点，制定多措并举工作方案，提出了种植结构调整、绿色高效生产、拓宽市场销售等方面的建设性意见，向低收入户、农民合作社及农业企业等提供良种与良法，不仅推动了玉米品种的更新，还促进了低收入户逐渐走上脱低、致富的“希望之路”。每年下乡均超百次，科技帮扶工作坚持实事求是、扎实调研，了解村情民意，找准问题精准施策，不摆空架子、花架子，求实效，让农民得真实惠。玉米所先后在房山区、密云区、大兴区、平谷区、通州区、昌平区等区建立了 3 个科研试验基地、3 个千亩级鲜食玉米科技示范基地、5 个千亩级青贮玉米科技示范基地、20 多个百亩玉米生产示范基地；支持密云区冯家峪玉米制种基地建设，为北京留住了唯一一块规模化玉米制种基地。农业技术培训 6 000 多人次，打造示范户 200 多个、核心示范田 6 000 多亩。大田京科玉米比其他的品种普遍增产 100 千克以上；鲜食玉米亩均效益达到 3 000 元以上，每亩最高销售额超万元。

未来，玉米所将继续发挥新品种与新技术科技创新优势，整合资源，为低收入村产业发展尤其是鲜食玉米产业发展提供产前、产中至产后全产业链服务，以市场需求为导向，因地施策、因人施策、因技施策，让科技赋能农业增效、农民增收。

（一）“双结双促”——密云区新城子镇苏家峪村

1. 苏家峪村整体概况

苏家峪村位于密云区新城子镇南部，距密云城区 76.1 千米，距京承高速公路出口 14.5 千米，距国道 101 出口 27.5 千米，辖西梁、碾子沟 2 个自然村。

耕地面积 1 096 亩，果园面积 400 亩，山场面积 6 363 亩。主要以种植玉米、小杂粮为主，其面积为 625 亩，年产量 311 吨，因多数地块属于坡地，无法灌溉，只能靠雨养旱作，玉米单产不足 400 千克。先后成立了北京新顺合种植专业合作社、北京苏家峪板栗种植专业合作社。林果种植的主要作物为核桃、板栗，面积 95 亩，产量 79 吨。

全村共有 146 户、307 人，低收入户 78 户，60 岁以上的 113 人，属于老龄化村庄。2016 年度农民人均纯收入仅为 6 000 元，属于密云区 31 个低收入村之一。

2. 发展思路及帮扶方向

2017 年玉米所对接密云区新城子镇苏家峪村，为其提供科技服务，支撑产业升级发展，助其脱低。

发展思路——苏家峪距离城区较远，不具备区位优势；人口老龄化严重，农民除了种地没有掌握其他生产技能；土壤以山坡梯田地为主，不具备灌溉条件，只能靠雨养旱作，村集体曾带领群众尝试发展种植甘薯、谷子、红豆等作物，但由于土壤瘠薄、无法灌溉、管理粗放、脱钩市场等，均没有发展起来。应选择在雨养旱作条件下仍能高产的作物品种，充分利用农民的种地经验，促进农民增产增收；推广运用轻简化栽培技术，解放出更多优质劳动力，实现转移就业增收。

帮扶方向——坚持产业优先、整体发展、示范带动和宜粮则粮、宜果则果的思路，结合玉米所科技创新优势，着力推动村庄产业（玉米产业）脱低，通过引进与应用玉米新品种及配套轻简化栽培技术，加速推动玉米产业全面升级，提高农民的种植积极性。劳动轻简了，投入减少了，产量提高了，农民才能获得增产增收、真实惠。

3. 帮扶内容及成效

自“双结双促”项目实施以来，玉米所党支部坚持“以点带面”的工作思路，采取“田间实践与实验室成果无缝连接”“党群组织与农民无隔阂沟通”的策略。提前与苏家峪村委、苏家峪村低收入户建立联系，并进行深入调研，建立帮扶台账；摸清苏家峪村的基础设施、主导产业及资源优势，有针对性地与村两委建立良好的沟通关系，快速、准确地制定项目执行计划和实施方案，围绕水产养殖、木耳种植、乡村旅游等方面进行技术示范、推广和应用。

（1）品种助力，偏远山村增产见实效

密云区新城子镇苏家峪村是一个距离城区 70 多千米的小山村，全村 146 户中有 78 户是低收入户。全村农作物种植面积仅有 600 余亩，主要以种植玉米为主，因多数地块属于坡地瘠薄地，不能灌溉，只能靠雨养旱作，玉米亩产量不足 500 千克。赵久然团队针对这种状况，向该村推荐种植具有品质优、产量高、耐干旱、耐瘠薄、节水等特点的玉米新品种京科 968，并免费提供种子和技术指导（图 3-12 和图 3-13）。经过科学种植，增产、增收效果显著。“京科 968 就是好，成实压秤，品质好，产量高，好卖粮，今年我种了 13 亩地，即使遇上了干旱年，亩产也能在 800 千克以上，卖了两万多块钱，谢谢你们的好品种和好技术。”种地大户王银保说。看似简单的几句话里面既有对品种的认可，又有对帮扶工作的肯定。

高产的取得，看似容易，其过程却包含帮扶团队的全力付出。为获得高产，赵久然团队根据近年来春旱严重，且该村无灌溉条件，劳动力老龄化严重、文化水平低，地块小而分散等特点，制定了“等雨播种、合理密植、雨养旱作、适时收获”玉米高产轻简化栽培技术，并通过田间课堂、室内培训、12396 北京新农村科技服务热线、微信群等方式与农户互动并进行指导。每年累计培训 100 余人次，回答咨询上千次，使种植户多方位、快捷地掌握玉米种植新技术。经过推广应用，增产增收效果显著。全村 600 多亩玉米，亩产约 750 千克，亩增产约 300 千克。

▲ 图 3-12　玉米所专家到村送种子

▲ 图 3-13　玉米所专家在田间指导

（2）集思广益，多措并举促增收

如何实现玉米最大限度增收，是玉米增产后面临的另一个问题，单纯靠出售玉米，收入毕竟有限。为促进玉米增收，赵久然团队根据该村群山环抱、无工业污染等环境特点，提出了“优境＋优品”，结合高产优质玉米品种，以及与专用特色玉米生产相结合的玉米生产思路，积极协助苏家峪村申请“苏谷”商标，并协助该村改进农产品加工设备1套，扩大农产品加工规模。为拓宽销路，除京科968以外，玉米所还向该村推荐口感更好、更适合加工玉米糌、玉米糁和玉米面的玉米新品种京科25，以及适合鲜食的糯玉米品种京科糯2000。同时，充分利用北京市农林科学院对接基地的产品优势、品牌优势、渠道优势和市场优势，通过北京市农林科学院数据与经济所“智农宝”电商平台，为该村发布产品信息，实现网上销售。该村在网络上建立了自己的微商小店，通过微信、淘宝等平台进行网络销售，通过多种渠道打造“苏谷”品牌。该村生产的玉米糌、玉米糁等产品通过超市货架、网店走进千家万户，现在年加工能力达到150吨，销售额达到30万元。据统计，2015年苏家峪村年人均可支配收入达到11 000元，2019年人均可支配收入达到18 000元，78户低收入户全部脱低。

（3）科学规划，整合资源谋发展

为确保苏家峪村长远发展，实现永久脱贫，玉米所联合数据与经济所为该村制定了《北京市密云区新城子镇苏家峪村发展规划》，并根据该村特点提出了未来以打造民俗村为契机，充分利用该村区位优势，加强无公害基地建设，促进乡村旅游，形成观光、特色鲜食玉米采摘、学习农科知识、住宿于一体的寓教于乐的旅游特色，以增加基地收入。

苏家峪村也主动提速紧跟时代步伐，引进“山里寒舍”进行古村民宿开发，推出“苏谷”品牌销售优质农产品，对接更多社会优势资源促党建共谋发展。未来，随着一项项谋划落到实处，苏家峪村必将有更美好的发展。

（二）双百对接

自2017年以来，玉米所的3位专家先后参与了“双百对接”项目，主要帮扶刘斌堡乡下虎叫村、北京市新顺和种植专业合作社和窦店玉米产业融合示范基地，促进科技能力提升（表3-5）（节选图片见图3-14和图3-15）。针对玉米品种多、乱、杂，优势主导品种不突出，种植技术落后等问题，在品种选择、良种提供、配套技术、指导培训、科技服务等环节提供技术支持，实现籽粒型和鲜食型玉米生产良种良法配套，种植效益大幅度提升，成效显著。玉米种植效益大幅度提升，对接的低收入户及全村低收入户全部脱低。

▲ 图 3-14 玉米所专家在田间进行技术指导

▲ 图 3-15 玉米所专家帮助村民销售玉米

表 3-5 玉米所“双百对接”项目情况

序号	项目名称	专家	基地位置	解决的主要问题	内容及成效
1	刘斌堡乡下虎叫村科技能力提升	王荣焕	延庆区刘斌堡乡下虎叫村	提升玉米产业发展水平	1. 在北京下虎叫种植专业合作社所在地延庆区刘斌堡乡刘斌堡村建立京科系列玉米新品种示范基地 2. 提供本单位自主创新选育的适宜延庆春播的京科 968、京科 665、京科 25 等籽粒型高产优质玉米新品种，以及适宜机械单粒精播的高质量包衣种子；根据当地发展旅游业的需要，又提供了农科玉 368、京科甜 608 等高端特色优质鲜食玉米新品种及高质量种子 3. 集成以“等雨播种、合理密植、雨养旱作、适时收获”为主要内容的适宜当地春播玉米生产的高产高效优质栽培技术规程 1 套，以及以“分期播种、合理稀植、适时采收”为主要内容的适宜当地鲜食玉米生产的高产高效优质栽培技术规程 1 套
2	北京市新顺和种植专业合作社科技能力提升	陈传永	密云区新城子镇苏家峪村	玉米产业科技能力提升	1. 提供玉米新品种。免费提供京科 968、京科 528、京单 38、京科 25、京科糯 2000 等玉米品种 2. 开展玉米高产栽培示范，增产效果明显。其中，京科 968、京单 38 等普通玉米增产达 20%左右，京科 968 以其优良的丰产性与耐瘠薄特性，较其他品种亩增产 100 千克左右 3. 建立玉米高产示范田 200 亩，产量达到 650 千克/亩；建立鲜食玉米采摘田 50 亩，实现每亩采摘 2 500 穗；建立谷子高产示范田 50 亩，产量达 300 千克/亩

续表 3-5

序号	项目名称	专家	基地位置	解决的主要问题	内容及成效
					3.通过田间课堂、微信、讲座等多种方式进行玉米生产技术指导。在生产实践层面，从整地、播种及田间管理等方面提供全程技术指导
3	窦店玉米产业融合示范基地科技能力提升	蔡万涛	房山区窦店镇窦店村	推动窦店园区种植结构调整	1. 窦店村农村产业融合发展示范园于 2019 年成为首批国家农村产业融合发展示范园。根据窦店村产业融合发展实际需求，编写《窦店发展鲜食玉米种植产业结构调整建议方案》，示范推广高端特色优质鲜食玉米新品种，包括京科糯 336、京科甜 608 等品种及其配套栽培技术 2. 在窦店园区建设高标准鲜食玉米百亩示范园，组建起一支高效的生产与管理队伍，园区经营与市场接轨，按照有机鲜食玉米的高标准指导生产。每亩施用 6 吨牛粪替代化肥，采用病虫害全程绿色防治替代化学农药。合理安排播期，4 月初覆膜抢时播种第一茬，7 月初种植第二茬，确保两茬产出 6 000 个以上商品穗、收获近 5 吨青贮玉米。推出了“窦店鲜玉米”高端品牌，通过抖音等新媒体宣传，点击量超过 5 万多人次；开辟了社区团购及 B2B 等大销售渠道，瞄准高端市场与多家电商合作；培养了村经纪人。每亩产值达近 9 000 元，除去人工、肥料、机械、包装等费用，每亩纯收益达到 5 000 多元

五、杂交小麦研究所

杂交小麦研究所（简称小麦所）深入推进实施乡村振兴战略，扎实做好服务北京“三农”京郊篇。以“加快种业振兴，保障粮食安全，决胜全面小康”为己任，聚力写好产业振兴与精准扶贫结合文章。以科技兴农、智力强农、产业富农为指引，通过搭建产业平台，推动成果转化，实施技术帮扶，显著增强北京房山区石楼二站村、顺义区高丽营五村、通州区于家务等自身“造血”能力。

持续推进低收入村“一村一策一品”特色产业体系建设，编制《北京市房山区石楼镇二站村低收入村产业发展规划》，制作低收入村宣传网页，发展低收入户参与籽种繁育，打造具有一定规模和影响力的小麦种业基地。通过科技套餐、技术帮扶、籽种产业带动实现二站村整体脱低，实施结对子、送点子、领路子，面向因病致贫、因残致贫等低收入户实施精准扶贫，帮扶 10 户低收入户、特困户家庭基本脱低脱贫；组织推进“千名干部科技人员进千村入万户”活动，对接房山区大石窝镇半壁店村等，讲政策、送科技、察民情、办实事，通过技术帮扶支持发展食用菌产业，带动农民增收；立足籽种产业发展，在北京顺义区高丽营五村、通州区于家务回族乡等地进行小麦籽种产业技术帮扶，培训农户开展小麦籽种繁育，建设规模化杂交小麦亲本繁育、常规小麦原种繁育基地，实现 500 余户农民每户年收入增长约 2 000 元。未来，小麦所将坚持以科技引领、产业扶贫为抓手，积极探索科技支撑对农村低收入群体常态化帮扶机制。

（一）“双结双促”——房山区石楼镇二站村

1. 二站村整体概况

二站村位于房山区石楼镇中部区域，地处平原，距离城区 50 千米。村庄附近有京昆高速和京广铁路干线穿行，交通十分便利。

村域面积3平方千米，林地面积1 600亩，耕地面积3 690亩，林下经济面积200亩。自2012年，二站村进行了平原造林工作，截至目前，全村已有1 600亩耕地流转为林地，并种植了多种树木，主要有黑松、榆树、银杏、白蜡、槐树、白杨等。多年来，二站村以传统粮食作物种植为主，如小麦、玉米，小麦种植面积为1 100亩。2016年，粮食总产量约为1 000吨，其中小麦275吨，玉米700吨。现有猪场16个，养羊户13户。在旅游资源方面，二站村自唐代成村，村内有贾岛墓、贾公祠历史文化旅游资源和二站惨案纪念碑红色旅游资源。村内还有两棵国家二级保护树木古槐。

全村共有1 350户、2 801人。常住人口2 675人，流动人口23人。劳动力总数为1 907人，其中从事种植业的劳动力为300人，从事护林员人数为300人，从事服务行业的人员有200人。外出打工者有1 107人。劳动力主要从事第一产业，外出务工人员较多，村内多为老人和妇女在家务农。全村有贫困户425户，特困户17户。

2. 发展思路及帮扶方向

2017年，房山区石楼镇二站村被确定为北京市低收入村，小麦所对接该村，实施科技帮扶，助力二站村脱低。

发展思路——房山区石楼镇二站村绝大多数农户以种植业作为主要收入来源，其中小麦是种植的主要农作物，年小麦种植面积达数百亩。由于近年来北京市农业结构调整，小麦种植向节水高效方向发展，种粮效益出现一定下滑，农民种粮积极性有所降低，突出表现在对新品种、新技术需求减弱，对高质量优良品种接受缓慢，小麦播种质量较差，田间管理粗放，投入不足等，籽种产业在该区域发展缓慢。依托科技帮扶提高种麦效益、提升当地农民种粮积极性、发展小麦籽种产业是实现未来几年二站村小麦种植户增产增收的主要途径。

帮扶方向——以科技兴农、科技富农为指引，立足产业引领实施精准扶贫，鼓励低收入户加入合作社，打造房山区具有一定规模和较大影响力的小麦籽种繁育基地，发展当地小麦籽种产业，增强低收入农户自身“造血”功能；加大对低收入村品牌推介和营销支持力度，组织规划部门编制低收入村产业发展规划，组织相关部门制作低收入村宣传网页，使低收入农户都能分享到农业全产业链和价值链增值收益；实施结对子、送点子、领路子，面向典型低收入户实施精准扶贫，通过提供小麦科技套餐、全程技术帮扶、综合保险支持等，提升低收入户收入水平；对低收入户子女入学和就业、老人就医等送温暖帮扶，通过组织爱心捐书、捐物等活动帮助其改善生活状况。

3. 帮扶内容及成效

（1）编制规划

通过对二站村地理位置、土地资源、气候条件、产业发展情况的详细调研，在分析产业发展优劣势及面临的机遇与挑战的基础上，坚持突出特色、差异发展，市场导向、科技创新，公众参与、机制创新，生态循环、可持续发展等原则，编制了二站村产业发展规划 1 份，集成一系列发展策略和发展项目，并对林下经济、传统种植业、休闲农业与乡村旅游、水产养殖业等产业进行了部署，为二站村未来 5 年产业发展提供参考和指导。规划旨在经过 5 年的发展，打造出农业主题业态多元、科技服务高效、功能结构优化、组织模式先进、土地调优增值、生态保障有力的发展新格局。

（2）精准对接

小麦所党支部与学术委员会、各课题组主要负责人、种业企业负责人、技术责任专家组成帮扶二站村“三年行动”协调小组，开展低收入村增收帮扶工作。项目组选择 2 个重点低收入户开展针对性的科技帮扶和精准对接工作，派遣 5 名技术人员对重点低收入户进行帮扶，通过走访低收入户（图 3-16），明确了帮扶脱贫科技需求，制定了脱贫工作方案。

项目组制作了集合“种肥药”一体的杂交小麦科技套餐并赠送给低收入户（图 3-17），通过农业新技术的集成效应支持精准扶贫对接帮扶工作，得到村党支部和低收入户的肯定和赞赏；针对杂交小麦科技套餐，项目组通过面对面技术帮扶等强化套餐落实，按照“技术简单、管理到位”的要求对低收入户麦田进行全生育期苗情、地情监控，在关键生育时期蹲点指导，并及时提供技术管理方案，确保科技套餐落实到位；依托当地籽种繁育基地建设，对低收入户进行科技帮扶，安排低收入户有偿进行小麦籽种繁育田间管理和技术劳作，通过科技成果转化提高低收入户的收入水平。2017 年以来，小麦所党支部走访慰问低收入户开展送温暖帮扶活动 4 次，帮助低收入户改善生活状况。

2020 年春季，新冠肺炎疫情暴发。为保障春季生产正常开展，减少经济损失，防止因病致贫、因病返贫，项目组积极开展春季帮扶，在小麦拔节前向二站村追加提供杂交小麦科技套餐，面向低收入户和主要经营合作社，在提供技术指导的同时进行物化投入，强化项目实施效果。

通过项目实施，二站村已经实现脱低，低收入户家庭年人均可支配收入超过 12 000 元，两户低收入户也基本脱低。项目组成员张胜全博士被列入房山区对接低收入村农业科技人员目录，北京市农林科学院被列入石楼镇社会力量帮扶清单。

▲ 图 3-16 小麦研究所陈兆波走访慰问低收入户

▲ **图 3-17　小麦研究所张胜全等代表小麦所赠送杂交小麦科技套餐**

（3）产业带动

在项目实施过程中，积极强调“产、学、研、推”结合，通过与种业企业合作，参与到试验示范、科技服务和产业脱贫推进全过程，并就展示示范及产业脱贫过程中存在的问题及时跟进解决。2018 年，在该村建立 550 亩小麦籽种繁育基地（示范基地），用于展示和繁育京冬 17、京麦 9 号杂交小麦种子亲本；与中种杂交小麦种业（北京）有限公司、房山区良种服务中心等 2 家小麦籽种产业公司进行对接，搭建了“合作社-种子公司”一对一繁育产业链，解决了籽种繁育销路问题。

（4）科技培训

围绕二站村大田作物生产技术需求，项目组积极开展科技培训，先后组织大型科技培训活动 1 次，田间技术指导、技术咨询等活动 11 次，累计培训人数 110 人次，技术服务 130 人次。2020 年 3 月，为有力保障项目实施，技术专家张胜全博士积极深入田间地头，向低收入户、主要经营合作社提供实时技术指导，并借助中国农技推广信息平台，录制了“冬小麦科学灌溉与春季管理”的直播报告，通过线上线下两种方式支持项目工作开展，推动项目成果落地（图 3-18）。

▲ **图 3-18 小麦研究所张胜全在新冠肺炎疫情期间线上指导生产**

（二）双百对接

自 2017 年以来，小麦所先后在房山石楼镇二站村承担了北京鑫润稼祥农业技术推广站科技能力提升和启航农业种植专业合作社 2 项“双百对接”项目，主要以打造小麦籽种繁育基地为目标，充分挖掘杂交小麦农艺节水潜力，集成杂交小麦节水品种、高效喷灌、水肥一体化、测墒灌溉、种子处理、镇压保墒、保护性耕作、化学抗旱等技术，形成简便易操作的杂交小麦抗旱节水配套栽培技术，并进行示范推广，获得了显著成效。具体情况见表 3-6（节选图片见图 3-19 和图 3-20）。

▲ **图 3-19 示范推广节水高产杂交小麦品种**

表 3-6 小麦所“双百对接”项目情况

序号	项目名称	专家	基地位置	解决的主要问题	内容及成效
1	北京鑫润稼祥农业技术推广站科技能力提升	张胜全	房山石楼镇二站村	打造房山区具有一定规模和较大影响力的小麦籽种繁育基地，发展当地小麦籽种产业	1.制作集合“种肥药”一体的杂交小麦科技套餐，并免费供应低收入户 2.引进推广节水栽培、精量晚播、适时隔离等 3 项技术，以及京麦、京冬系列小麦品种 3 个 3.累计开展技术培训 3 次，培训人数 110 人次，技术服务 130 人次 4.应用良种良法配套，示范田平均亩产达 550 千克以上，较该区域往年平均水平增产约 50 千克/亩，并在全生育期实现节水灌溉 1 次，节支增收达 130 元/亩
2	启航农业种植专业合作社	陈兆波	房山石楼镇二站村	杂交小麦抗旱节水配套栽培技术示范推广	1.依托杂交小麦科技套餐，在房山区石楼镇二站村推广节水小麦品种 1 个（京麦 21） 2.推广小麦节水高效栽培技术 1 项（杂交小麦节水栽培关键技术） 3.对北部冬麦区主推的京冬系列小麦品种和京麦系列杂交小麦亲本材料进行了繁育技术推广，繁育品种 2 个（京冬 17 及京麦 9 号父本），推广稀植晚播与适时隔离等繁育技术 2 项，带动下游籽种产业面积超过 1 万亩

▲ 图 3-20 小麦栽培技术指导与田间培训

六、草业花卉与景观生态研究所

自 2017 年以来，草业花卉与景观生态研究所（简称草业花卉所）持续开展京郊低收入科技帮扶工作，充分发挥自身科技、人才、资源优势，依托“双结双促”“双百对接”“千名干部科技人员进千村入万户”等项目，先后在大兴区长子营镇小黑垡村、延庆区刘斌堡乡下虎叫村、密云区太师屯镇后八家村等十几个村镇开展了特色产业发展、村镇景观提升、一二三产业融合发展等相关的科技帮扶工作，助力低收入人群“脱低摘帽”，并获得了显著成效。

“双结双促”助力，党建效果明显。草业花卉所党支部通过与小黑垡村党支部结对子，开展支部活动，两个支部紧抓党建这个“牛鼻子”，共同探讨党支部工作的规范化、制度化、标准化，将科研院所党支部的人才优势与农村党支部在乡村振兴中的实践经验紧密结合，有效提高了党支部建设能力，为小黑垡村“脱低”攻坚提供了坚强政治和组织保证。

生态种养殖，产业绿色发展。在低收入帮扶的过程中，草业花卉所在注重产业提质增效的同时，强调生态友好性，根据当地地理、生态环境，开展生态种养殖，实现产业绿色可持续发展。例如，在北京云水种植专业合作社和密云区太师屯镇后八家村以苹果园为基地，试验、示范水源地生态果园复合养殖蚯蚓技术，以库区内简单易得的秸秆、杂草、畜禽粪便等为饵料，通过就地处理，收获蚯蚓和蚯蚓粪，使果园收益亩均提高 0.5 万～1 万元，同时改善了果园土壤理化性质及果品品质。

改善村容村貌，发展休闲旅游。低收入村多数位于京郊，从生态环境角度来讲，它们都是休闲旅游的好去处。草业花卉所将当地特色产业与旅游紧密结合，大力发展生态休闲旅游，实现了低收入村产业融合发展，进一步促进农民增收。例如，在小黑垡村口利用湿地绿化种草，水面种植荷花，植被彩叶树种；在甬路铺设草坪砖，建设民俗设施，安装健身器材，打造村民休闲文化区；以湿地创意美化为核心，林地种养为补充，利用村民闲置民宅，发展乡村民俗休闲旅游，拉动村民居家就业。

草业花卉所通过送政策、送技术等形式，多措并举组织开展科技帮扶工作，有效助推低收入村的脱贫摘帽。未来，将进一步总结经验，在促进京郊增收工作中持续发力。

（一）“双结双促”——大兴区长子营镇小黑垡村

1. 小黑垡村整体概况

小黑垡村位于北京市大兴区长子营镇东北部，与通州区相邻。区内交通便利，距北京市中心 30 千米，与大兴国际机场相距 20 千米。

全村面积共计 3 278 亩，其中林地面积 2 258 亩，湿地面积 220 亩，村庄建筑用地 600 亩，近 1/3 住宅空置，农田 200 亩。村庄“三面环林，一面环水”，林地面积占全村总面积的近 70%，村庄生态环境优越。林地为北京市百万亩平原造林工程实施的“退耕还林”地，主要种植黑松、榆树、银杏、白蜡、槐树、白杨等。村民的增收渠道十分单一，大多依靠 1 500 元/（亩·年）的土地流转金。

2016 年，全村共有 373 户、1 120 人。村内低收入农户 230 户，低收入人口 470 人。2015 年末，村民年人均可支配收入仅有 9 891 元，2016 年小黑垡村被列为市级低收入村。

2. 发展思路及帮扶方向

自 2016 年底以来，草业花卉所党支部与大兴区小黑垡村党支部开展“双结双促”帮扶工作。

发展思路——森林资源与水资源是最具有吸引力的生态旅游资源，鉴于京郊水资源的稀缺性，水资源在京郊旅游资源开发中尤为突出。小黑垡村“水林”资源丰富，应发挥小黑垡村“水林”资源优势，立足森林空间、湿地空间，开发各种具有市场吸引力的特色旅游产品，并强化旅游体验，循序突破和提升，打造京南特色户外休闲娱乐新兴旅游目的地。同时，充分利用林下空间，构建林下特色种养区，通过林花种植等方式开发各种生态主题景观，在增强观赏功能的同时提高产业经济收益。

帮扶方向——草业花卉所党支部在院镇合作的基础上，与村党支部、村委会成员进行对接。在反复座谈、实地调研，结合该村自然条件、资源禀赋、文化传承和发展需求的基础上，以北京市农林科学院科技优势为依托，两支部就小黑垡村发展达成一致意见，即发展林下特色种养区。通过送政策、送技术等形式，多措并举组织开展科技帮扶工作，助力小黑垡村早日脱低。

3. 帮扶内容及成效

自 2016 年底开展“双结双促”以来，两支部紧紧抓住党建引领“牛鼻子”，将科研院所党支部人才优势与村党支部农村改革发展的实践优势有机结合，2019 年底实现年人均收入近 3 万元，彻底摘掉了小黑垡村“低收入村”的帽子。

（1）送政策

2017—2019 年，草业花卉所支部成员每年多次前往小黑垡村，将党的十九大以来有关“三农”政策、中央一号文件内容整理汇总后与村领导班子成员进行交流，为该村的发展提供政策依据。

（2）送技术

围绕发展目标和需求，组织专家，利用现有成熟技术开展林下特色食用菌栽培，特色花卉、草坪、洋葱种植等。自 2017 年以来，先后邀请北京市农林科学院植物保护研究所食用菌专家刘宇研究员团队为该村引进食用菌品种 23 个、菌棒 12 万余个，发展食用菌大棚 97 个，带动村民 15 人就业，实现收入 75 万元；生物技术研究所百合专家张秀海副研究员团队为该村引进百合品种 10 余个，种球数共计 80 万粒（株），林下种植面积 100 余亩，带动村民 10 人就业，亩产种球 400 千克，实现收入近 100 万元；蔬菜研究所梁毅副研究员为该村引进洋葱品种 2 个，林下种植 50 亩，带动 5 名村民就业，收获洋葱 200 吨，收入 40 万元。2020 年，蔬菜所黄瓜课题组为该村引进春秋绿 2 号黄瓜品种，种植 30 个大棚，种植面积 20 余亩，林下种植胡萝卜（华誉 208、华誉 218）30 亩。草业花卉所生态景观草研究室围绕湿地周边景观建设和林下种植景观草种等，引进并示范观赏草品种 25 个，辐射种植面积约 500 亩；在前期景观提升工作的基础上，着重对湿地公园广场周边进行景观提升；充分利用生态景观草观赏价值高、适应性强、生长健壮、维护成本低等优势，结合宿根花卉的观赏特点，进行植物种植设计和现场栽培，显著提升了小黑垡村的湿地景观效果。随着林下种养殖的发展，小黑垡村的整体环境明显改善，有效改善了村容村貌。昔日的臭水坑已经荷花满塘，成为村民的健身休闲场所和游客的观赏地。

（3）送项目

2017—2019 年，北京市农林科学院每年安排 5 万元（共计 15 万元）用于草业花卉所与小黑垡村党支部对接服务工作；院推广处还安排 4 个“双百对接”项目，有 3 位专家——步卫东（畜牧兽医所，肉鸽养殖）、张辉（草业花卉所，观赏草）（2018 年）、梁毅（蔬菜所，洋葱、胡萝卜）（2019 年）进行对接，与村委会签署 3 年服务协议，直接生产投入 40 万元。

（4）送培训

自“双结双促”开展以来，草业花卉所以科技优势为依托，在村党支部的协助下，以多种形式对农民进行技术培训。专家深入田间地头现场指导，传授农业实用技术；与村民建立微信联系方式，随时解答村民在生产中遇到的问题。通过培训，当地农民逐渐成为懂技术、懂管理、会经营的技术能手。

（5）送温暖

每年春节期间，草业花卉所领导都会前往小黑垡村的帮扶对象家进行慰问（图 3-21）。

▲ 图 3-21　2017 年草业花卉所领导慰问低收入户李树河

（二）双百对接

自 2017 年以来，草业花卉所的 4 位专家先后对接 4 个基地，以项目为依托开展了促进低收入村增收工作，具体情况见表 3-7。针对当地产业发展实际情况，开展村落景观改造提升工程、生态种养殖工程，为当地村容村貌的改善及产业绿色可持续发展奠定了基础。

表 3-7 草业花卉所"双百对接"项目情况

序号	项目名称	专家	基地位置	解决的主要问题	内容及成效
1	长子营镇小黑垡村科技能力提升	杨学军	大兴区长子营镇小黑垡村	林下景观提升	1.示范生态景观草等林下景观提升植物，包括四季青绿苔草、秀发披针叶苔草、长青矮丛苔草、绿秀横果苔草、无芒雀麦、苇状羊茅、多年生黑麦草、蓝赖草、黄纹玉带草、针茅、长序芒、矮株狼尾草、长穗狼尾草、晨光芒、纤细芒、拂子茅等 22 种，总结和推广平原造林生态景观草绿化技术 1 套 2.建成 300 亩平原造林低维护、优美自然林地景观，其中苔草属草坪地被 15 亩，年收获苔草种子 400 千克；新增就业 25 人
2	下虎叫村种植业专业合作社科技能力提升	王庆海	延庆区刘斌堡乡下虎叫村	景观改造提升问题	1.根据下虎叫村的景观提升需求，确定该村村头山岗、河道和村中山楂小院为村落景观重点改造提升部位，筛选出适于下虎叫村景观提升的生态景观草，有效改善了该村的景观环境 2.为下虎叫村山楂小院村民管家团队培训景观生态草管理人员 1 名，带动 3 户开展旅游接待相关工作的低收入户年收入达到 30 000 元，平均每年收入增长 15.2%

续表 3-7

序号	项目名称	专家	基地位置	解决的主要问题	内容及成效
3	密云区太师屯镇后八家村科技能力提升	胡艳霞	密云区太师屯镇后八家村	水源地生态果园复合养殖问题；果园土壤理化性质改善及果品质量提升问题	1.试验示范生态果园复合养殖蚯蚓技术，2017 年接种 1.5 个月后收获蚯蚓，每 20～30 天收获一茬，平均每亩每年果园收获 5 次以上，年产蚯蚓约 1 吨，同时每年产蚯蚓粪 30 吨（收益不计），蚯蚓每吨 1.0 万～1.2 万元，每亩均增收 1.0 万～1.2 万元 2.进行秸秆替代牛粪试验，虽然利用预腐熟玉米秸秆养殖蚯蚓的效率较纯牛粪低 30%，但较未腐熟秸秆大大提高，亩均增收约 0.9 万元，完成了户均增收 5 000～10 000 元的增收目标 3.通过生态果园复合养殖蚯蚓，果园土壤理化性质得到了改善，果品质量有了明显的提升
4	白虎头村林下地被科技示范基地科技能力提升	温海峰	门头沟区斋堂镇白虎头村	生态景观草规范化种植、养护与管理问题	1.在白虎头村科技小院旁、村里主要道路两侧以及枣林下种植生态景观草与花卉品种 20 余种，种植数量 10 万株，种植面积 11 000 平方米 2.建立林下地被植物展示基地 1 个 3.指导村民进行生态景观草规范化养护与管理，包括中耕、除草、浇水、施肥等技术要领

七、水产科学研究所

自2017年以来，水产科学研究所（简称水产所）根据“精准扶贫”“乡村振兴”等发展战略指引，按照党建引领、产业重构、扩大就业、文化塑造、资金帮扶的总体工作思路，积极组织科技人员依托“双结双促”“千名干部科技人员进千村入万户”“双百对接”等项目，开展低收入村科技帮扶工作，共计帮扶通州区、顺义区、平谷区、密云区、延庆区、门头沟区、房山区、大兴区等区的15个村庄。水产所科技人员进村工作累计超过600天，共计1 200余人次，开展各种类型的培训、讲解、展示活动68次，共帮扶低收入农户200余户，带动就业300余人，促进村集体及农户增收近千万元。

自承担科技帮扶工作以来，水产所根据不同村庄存在的问题和具体需求，确定各帮扶村庄的短期发展目标，以各农产品生产的关键节点和关键技术为抓手，加强服务的频次和力度，现场指导或亲自操作示范，将技术传授给农户。通过科技帮扶工作的开展，科技人员拓宽了联系农民的渠道、及时传达了党的“三农”方针政策、直接了解了农民的实际需求，为深入农村基层一线开展科技服务工作拓展了空间，有利于更好地服务乡村全面振兴。同时，农户作为参与主体和重点帮扶对象，通过科技人员帮扶，掌握了最新的农业生产应用技术，树立了先进的现代农业生产理念，使帮扶村庄转变了发展观念；创新了农业和农村经济体制机制，促进资源要素向帮扶村庄配置，满足了村庄在发展过程中的科技需求，引导帮扶村庄向乡村振兴建设目标加速迈进。水产所在帮扶过程中始终坚持培育“造血”功能，在村庄内部扩大帮扶脱低的队伍，借助外在帮扶力量实现自我提升发展，壮大集体经济，积极培育后备管理和科技人才，真正实现村庄产业自我管理的可持续发展。

通过多年来与村干部和农户的接触，科技人员真切地感受到了农户的不易。农业效益本身不高，种养面积零散、缺乏种质技术支持、缺乏与外界的沟通、年轻人离开农村等现象普遍，造成农村空心化越来越严重。另外，有些村民安于现状，不愿接受新技术和新经营理念，这在一定程度上阻碍了农村农业发展。因此，大力发展农业科技、推广农用技术、扶持农村经济，是北京市经济发展过程中重点坚持的方向。

（一）“双结双促”——顺义区南彩镇小营村

1. 小营村整体概况

小营村位于顺义中心区域南彩镇中部，东邻飞达路，14 路公交车从村口经过，交通便利，环境静谧。南彩镇是北京市东部产业发展带“两轴、两带、多中心”的重点发展区域——位于“时尚休闲发展带”上，同时被定位为顺义新城河东新区和“北京市新城规划预留地”。

小营村村域面积 2 000 亩，其中耕地面积 1 700 亩，多数未流转。村口 160 亩基本农田，已流转。村经济主要以农业（大田、养殖）为主，共 4 家私营企业在该村从事生产，包括轻型建筑材料、门窗、暖炉等的加工制造以及饲料生产。小营村共有养殖户 9 户，养殖面积 200 亩。主要养殖品种中鲤鱼、花白鲢占 80%，锦鲤占 20%。

2016 年底，全村总户数 613 户、1 399 人，其中涉农户 340 户，183 户为低收入户（470 人），占全村农户的 53%。2016 年 8 月小营村被评定为低收入村，村集体经济收入主要是土地收入 170 万元。

2. 发展思路及帮扶方向

从 2017 年开始，北京市农林科学院水产所党总支与顺义区南彩镇小营村对接，通过技术、人才、项目等帮扶手段，帮助小营村脱低。

发展思路——小营村所在的南彩镇是北京市新城规划发展的重点镇，是北京市东部产业发展带“两轴、两带、多中心”的重点发展区域。应紧紧抓住该历史机遇，强化小营村区位优势，立足耕地空间，建设蔬菜生产基地，制定科学发展和开发时序，循序突破和提升，将小营村打造为顺义航空口岸区域提供蔬菜和水产品的副食基地、京郊产业扶贫的示范村，最终实现自然资源充分利用、农业生产条件改善、生产水平提高、生态环境得以保护和农民收入显著增加的目标。

帮扶方向——通过深入调研发现，小营村耕地面积较大且连片、平整，村庄生态环境优越，交通便利，同时具有一定的水产养殖基础。但是，当地水产养殖业存在品种老化、病害严重、管理欠缺等问题，种植业存在缺乏特色、设施设备不健全等问题。应通过深度挖掘资源潜力，进行技术、人才、资金方面的帮扶，助力小营村产业顺利转型，形成特色化的京郊生态农业，使农业种植和水产养殖成为村集体经济发展支柱项目。

3. 帮扶内容及成效

（1）对水产养殖户进行技术帮扶

引进水产新品种。为水产养殖户引进了松浦镜鲤和长丰鲢两个新品种以及长江水系草鱼，并提供养殖全程的技术指导。实践证明，松浦镜鲤、长丰鲢以及长江水系草鱼均具有生长快（比本地鲤鱼和鲢鱼快 20%以上、比本地草鱼快 15%以上）、抗病力强等优势，市场售价也比本地鲤鱼高 0.25～0.50 元/千克。据推广养殖户反映和测算，2016 年鲤鱼、草鱼病害发生率平均为 16%，2019 年的发生率平均为 13%，且发病的鱼多为轻症，死亡率大大降低。新品种生长快、产量高，推广了 160 亩，实现每亩养殖水面增加效益 500 元以上，与 2016 年相比每户平均增加收入 31%。

组织培训和观摩活动。项目执行期内利用水产所在京郊举办相关培训的机会，邀请感兴趣的养殖户有针对性地参加，如在房山区、顺义区、平谷区和通州区开展的水产健康养殖现场培训、池塘水质调控技术培训以及微生态制剂扩繁和使用的现场培训等。组织锦鲤养殖户参加了通州鑫淼水产总公司、红运锦鲤养殖场、北京贤雅聚悦生态农业园等地举办的锦鲤繁殖、鱼苗挑选和养殖观摩，3 年累计 36 人次。

现场指导生产。在养殖户的鱼池开展微生态制剂调控水质试验，引进国家大宗淡水鱼类产业技术体系岗位专家团队生产的高效复合芽孢杆菌、平安福世纪生态菌和光合细菌调控水质，同时推广中草药防病技术来预防和治疗鱼病。通过这两项技术，有效地降低了病害的发生率，减少了鱼药使用量，有效地降低了养殖成本，同时提高了水产品质量安全。另外，在锦鲤亲鱼配组、鱼苗挑选和水质调控等主要技术环节对养殖户进行了现场指导。

（2）对村集体经济进行产业帮扶

委托专业机构开展规划编制工作。根据调研情况，水产所党总支与小营村党支部书记侯军进行了沟通，双方就今后发展的一些设想进行了讨论，同时邀请北京市农林科学院工程咨询中心的专家全程参与，最终编制了小营村产业发展规划1份，确定了2017—2019年的总体目标，即小营村产业顺利转型，发展成为特色化的京郊生态农业产业村（图3-22）。

▲ 图 3-22　2017年水产所朱华书记在顺义区进行现场调研

积极向有关部门呼吁加强对小营村的扶持力度。积极向顺义区水产管理部门呼吁并协助小营村水产养殖户在池塘改造等方面获得支持。积极向顺义区新农村办公室等部门呼吁在煤改电、蔬菜大棚发展中对小营村进行相关倾斜和扶持。

建议建设蔬菜种植温室后租赁。根据小营村实际情况，提出了重点建设蔬菜种植温室后租赁的建议，实现了土地收入增加、带动本村劳动力就业和增收。2018年小营村标准化蔬菜种植基地项目总投资1 284.34万元，占地面积约72亩，建造大棚共计29栋，其中日光温室20栋、钢架冷棚8栋、育苗室1栋。已通过北京农村产权交易所流转交易平台与北京天农嘉润农业科技有限公司签署租赁协议，将大棚用于蔬菜籽种培育，每年租金为50万元。雇用本地村民长期上班人员 5 人，每人每年 2 万元。另外，雇用大约 20 人从事短期劳务，每人每天 100 元，每人每年累计工作 100 天左右，可收入 1 万元。该帮扶项目在为低收入户家庭提供就业机会的同时，将有效提高村庄生态效益和农村生产效率，加快推进小营村农业产业转型升级。

（二）双百对接

自 2017 年以来，水产所的 4 位专家先后对接了 4 个基地，以项目为依托开展促进低收入增收工作，具体情况见表 3-8（节选图片见图 3-23 和图 3-24）。对接基地分别位于顺义区南彩镇小营村、密云区新城子镇苏家峪村、延庆区张山营镇吴庄村、门头沟区清水镇梁家庄村。水产所专家主要针对当地水产养殖产业发展面临的瓶颈问题，通过开展养殖新品种更换、养殖技术培训，休闲渔业示范等措施，提升当地养殖技术水平及产业科技含量，促进产业增收。

▲ 图 3-23 水产所专家给合作社引进鱼种并赠书

表 3-8　水产所“双百对接”项目情况

序号	项目名称	专家	基地位置	解决的主要问题	内容及成效
1	南彩镇小营村科技能力提升	孙向军	顺义区南彩镇小营村	全村养殖新品种更换	1.进行应季培训，开展锦鲤、特种鱼养殖技术培训；开展休闲渔业和设施农业培训及展示示范 2.全村养殖新品种更换率达 70%，设施农业覆盖率达 49%
2	新城子镇苏家峪村科技能力提升	王占全	密云区新城子镇苏家峪村	提升养殖产业技术水平	1.调查了解养殖户在杂交鲟示范推广中遇到的问题，提出改进对策与措施 2.组织养殖户与周边地区技术人员开展流动现场观摩，并落实杂交鲟驯化和高密度养殖技术的示范，以及哲罗鲑驯化和微流水养殖技术的示范 3.开展的杂交鲟驯化和高密度养殖技术的示范，以及哲罗鲑驯化和微流水养殖技术的示范，均取得了较好的推广效果。集成杂交鲟苗种驯化技术操作规程，确定杂交鲟幼鱼阶段，在微流水纳米增氧条件下的适宜养殖密度为 14.09～16.90 千克/立方米
3	北京鸿润泽养殖专业合作社科技能力提升	田照辉	延庆区张山营镇吴庄村	引进新品种和健康养殖技术，提升合作社科技水平	1.2017 年帮助养殖户引进了松浦镜鲤大规格鱼种 1 万尾，当年养成成鱼 20 吨，松浦镜鲤耐寒、易垂钓，且比普通鲤鱼价格高出 1～2 元/千克，适合当地气候和吴庄渔场的经营方式

续表 3-8

序号	项目名称	专家	基地位置	解决的主要问题	内容及成效
					2.2018 年帮助吴庄渔场引进松浦镜鲤乌仔 10 万尾，松浦镜鲤春片 7 000 尾。因养殖户没有池塘养殖长丰鲢水花，给养殖户引进了长丰鲢春片 2 000尾，进行套养。引进的松浦镜鲤乌仔，10 月中旬规格达到 150～200 克/尾，在养殖池中搭配养殖鲢鱼新品种长丰鲢。引渔场除去自用外，出售 2 500 千克。2018 年引进松浦镜鲤春片，10 月初达到 900～1 000 克/尾，供垂钓池使用。长丰鲢比普通鲢鱼生长快 20%以上，既能起到调控水质的作用，又能达到增产增收的目的 3.2019 年继续养殖松浦镜鲤和长丰鲢，加大了对合作社水质调控的技术支持，提供微生态制剂；针对鸿润泽养殖专业合作社发展休闲渔业的需求，提供稻渔种养、藕渔种养的技术支持；提供新型绿色渔药“血停”，用于防治草鱼出血病
4	门头沟区清水镇梁家庄村科技能力提升	马国庆	门头沟区清水镇梁家庄村	芦笋产业科技提升	1.聘请技术员现场技术指导培训 2 次；邀请有关媒体进行宣传报道，建立多种销售渠道。在新冠肺炎疫情影响下，通过“线上线下＋区内区外”等多种方式，销售芦笋 1.5 万余千克，村集体收入 25 余万元，产业带动本村村民 20 余人就业 2.在清水镇推广芦笋种植面积 384 亩，带动就业人数 40 余人

▲ 图 3-24　水产所专家给养殖户送鲟鱼苗种

八、畜牧兽医研究所

自京郊低收入增收帮扶工作开展以来，畜牧兽医研究所（简称畜牧所）充分发挥资源、人才和技术优势，坚持以产业健康、可持续发展为目标，以组织模式和工作模式创新为动力，多措并举，精准发力，使扶贫与扶志、扶智相结合，提升帮扶对象内生“造血”功能，稳步推进帮扶工作有序开展。重点围绕农村人居环境整治、美丽乡村建设、产业发展、农村改革、农村基层组织建设等，看村貌、察农情、问民需，把基层的需求、农民的声音反映上来，把中央和市里的政策宣讲下去，为京郊农民解决一系列困扰农业生产的实际问题，与基层组织共同推进农村发展，推进低收入村的农业现代化发展水平不断提升、产业内涵日益丰富。

通过创新帮扶模式助力帮扶工作高效开展。畜牧所针对老君堂村低收入农户虽具有养鸡意愿但普遍缺乏基本育雏条件的突出问题，实行“专家＋合作社＋农户”三结合模式开展帮扶工作，委托老君堂养鸡合作社统一代育雏（1 日龄雏鸡 2 000 只，饲养到 42 日龄，育雏成活率 90%），再将 43 日龄雏鸡分发给农户进行饲养，累计精准对接 8 户低收入农户，养殖5 400只北京油鸡，实现净利润 33.34 万元。

开展多形式农技人员能力提升培训。通过专家课堂，室内培训、田间操作、实地观摩等多种方式，组织开展基层农技人员能力提升培训、全科农技员应时应季培训、科技帮扶等多种类型的培训、科技下乡服务以及科普宣传等。先后开展多次针对鸽重要传染病的检测和防治、牛不同繁殖障碍疾病辨别与防治以及预防非洲猪瘟等内容的讲座与技术科普。

注重安全、绿色生产。王昌青同志在大兴区青云店镇挂职期间，以镇配套资金，在西鲍辛庄村属秸秆处理厂建立可生产、储存 6 吨的小型发酵车间，并制定了《保护蔚蓝天空，助建美丽家园——“环保美丽乡村”西鲍辛庄秸秆厂规划设计方案》。畜牧所专家多次深入延庆区大庄科乡汉家川河北村，根据当地养殖户的肉牛养殖情况优化饲养管理和疫病防控方案，提供科学的免疫方案并进行免疫监测，确保人、畜健康，做到随时解决养殖户的实际问题，使该村肉牛养殖 3 年内未发生传染性疾病，养殖效率提高 10%以上。

畜牧所多年来通过查找京郊地区农业农村工作的薄弱环节，及时做好基层信息的搜集、汇总和反馈工作，针对性地引进新产品、新技术，给村集体经济发展带来长期效益，辐射带动镇区农业经济良性发展，取得了显著成效。

（一）“双结双促”——昌平区长陵镇老君堂村

1. 老君堂村整体概况

老君堂村位于北京市昌平区长陵镇西北部，地处世界文化遗产明十三陵保护区内，距昌平城区 13 千米。老君堂村海拔 166 米，村民住宅聚落呈 V 字形分布，南为景陵黑山，北为天寿山东缘，西南距长陵村 1.8 千米，西距黄泉寺 1.7 千米。

老君堂村地处山区且受生态涵养保护，村内无耕地，林地面积 769.5 亩，果树面积 364.5 亩，林下经济 60 亩。其中尜（gá）枣为种植的主要农产品，有近 800 亩的种植面积，是十三陵尜枣种植最大的村域，年产量 220 吨左右，年收入 6 万元左右，占种植业收入的 85%左右。老君堂村缺乏耕地，也缺乏相关产业，老君堂生态养鸡专业合作社是老君堂村唯一一个在工商部门注册的合作社，2008 年 5 月成立，以柴鸡养殖为主。

全村村域面积 9.7 平方千米，397 户、719 人。2016 年底低收入户 28 户，主要为 60 岁以上老人和重残、病人员。常住人口 767 人，流动人口 48 人，劳动力 345 人，多为 50 岁以上，其中 100 余人为护林或服务人员。

2. 发展思路及帮扶方向

为推动老君堂村全面实现脱低目标，2017 年畜牧所通过“双结双促”项目对北京市昌平区长陵镇老君堂村进行科技帮扶，助其脱低。

发展思路——针对老君堂村地处山区且受生态涵养保护、村内无耕地的情况，应以当地特色尜枣产业为载体，以北京油鸡为特色，把民俗旅游作为推动发展的澎湃力量，集聚现代服务要素，形成产业融合创新群落，以现代服务业引领产业融合发展，形成经济发展有序、农民持续增收、资源集约利用、生态环境优良的现代农业发展新模式，开创“文化＋科技＋生态＋休闲”的产业发展新路子，逐步把老君堂村建设成特色鲜明、功能完善、环境优美的北京市文化创意旅游与休闲度假村与北京市特色农产品生产基地。

帮扶方向——畜牧所充分发挥自己的科技资源优势，针对当地集体经济产业力量薄弱等问题，依托老君堂生态养鸡专业合作社，通过“专家＋合作社＋农户”三结合模式，对当地养殖业进行针对性的科技帮扶工作。培育和壮大新型生产经营主体力量，实现生态养殖产业升级，打造当地特色品牌，助力当地持续“造血”功能增强，实现农民永久脱低。

3. 帮扶内容及成效

(1) 规划先行，引领发展

畜牧所针对老君堂村缺乏产业和发展规划的现状，邀请院数据科学与农业经济研究所技术专家多次赴老君堂村进行实地调研和走访，编制了《北京市昌平区十三陵镇老君堂村农业产业发展规划》初稿，经过反复修改，最终定稿。后来此规划得到了十三陵镇领导的高度认可，为老君堂农业产业发展提供了很好的借鉴。

(2)"专家+合作社+农户"，效果显著

北京油鸡是北京地区优良特色品种，肉蛋兼用，具有"三毛"、五趾等独特的外貌特征，其肉蛋品质优良，深受市场欢迎。2017 年初，本项目前期调研需求时发现，老君堂村低收入农户虽具有养鸡意愿，但普遍缺乏基本育雏条件，因此项目组特委托老君堂养鸡合作社统一代育雏（1 日龄雏鸡 2 000 只，饲养到 42 日龄，育雏成活率 90%），再将 43 日龄雏鸡分发给农户进行饲养。专家对农户进行技术指导、培训，先后举办了"北京油鸡养殖+果树种植管理技术"培训会及"北京油鸡养殖技术培训和经验交流会"，有效提高了村民的养殖技术水平和销售能力。通过"专家+合作社+农户"方式，2018 年底老君堂村全村脱低增收，2019 年以来稳定增收。

(3) 培育示范户，带动增收

对于家庭饲养北京油鸡，当地低收入农户存在疑虑，畜牧所经过与村委会沟通，筛选了有积极饲养油鸡意愿和劳动能力的低收入农户 4 户，作为示范户来率先进行家庭养鸡。通过培育养鸡示范户，指导育雏、免疫等养殖技术，示范带动其他农户积极参与。到 2018 年，示范户达到了 8 户，畜牧所专家进一步指导农户自己育雏，指导饲喂、免疫等，42 日龄育雏成活率达 98%（图 3-25）。2018 年 8 月初开始上市销售，售价 80～120 元/只，10 月中旬母鸡开始产蛋，鸡蛋售价 1.5～3.0 元/枚，农户取得了显著的经济效益。

▲ 图 3-25 2018 年畜牧所党总支领导到低收入户现场督导

（二）双百对接

自 2017 年以来，畜牧所 3 位专家先后承担北京老君堂生态养鸡专业合作社科技能力提升、北京泰丰肉鸽养殖专业合作社科技能力提升、延庆区大庄科乡汉家川河北村科技能力提升 3 项“双百对接”项目，具体情况见表 3-9。通过对对接基地养殖业发展存在的技术问题进行针对性的指导，带动了当地畜牧业的发展，实现了低收入户脱低、农民持续增收的目标，也促进了畜牧所与对接基地合作社及所在低收入村村委会三方的密切联系和深入合作。

表 3-9 畜牧所“双百对接”项目情况

序号	项目名称	专家	基地位置	解决的主要问题	内容及成效
1	北京老君堂生态养鸡专业合作社科技能力提升	耿爱莲	昌平区十三陵镇老君堂村	养殖品种更新及技术优化问题；畜禽废弃物处理问题	1.示范推广 1 日龄北京油鸡 18 400 只（包括老君堂生态养鸡合作社的 13 000 只，老君堂村低收入农户的 5 400 只） 2.改善鸡粪等废弃物处理方式，采用舍内厚垫料饲养，极大地减少了粪便污染，改善了舍内环境 3.注重散养鸡冬季饲养管理，通过增加舍内灯光、料槽和饮水器具等，解决鸡只回舍后及时饮水问题 4.通过电话、信息、视频以及赴基地现场等多种形式开展散养鸡养殖技术指导及培训工作
2	北京泰丰肉鸽养殖专业合作社科技能力提升	步卫东	大兴区长子营镇小黑垡村	泰丰肉鸽养殖技术问题	1.研发了背喂式封闭料槽和自动饮水杯设备，毛滴虫的水平传播率降低到 12%以下 2.建立了毛滴虫临床批量测定方法并进行推广，给低收入户提供了工作岗位 3.开展技术培训 50 次，培养了 3 名技术人员，提升了合作社技术能力

续表 3-9

序号	项目名称	专家	基地位置	解决的主要问题	内容及成效
3	延庆区大庄科乡汉家川河北村科技能力提升	赵蕾	延庆区旧县镇北张庄村	养殖技术落后问题；疫病预防与控制问题	1. 指导建立一套科学的健康养殖和卫生保健方案 2. 定期监测布氏杆菌病、牛支原体、牛腹泻病，采取严格的防疫措施，必要时注射疫苗，减少和避免牛感染上述 3 种疫病导致的经济损失，避免布氏杆菌病感染人，确保人员健康 3. 培训农民正确使用药物，减少抗生素的滥用，降低牛的疫病发生率和死亡淘汰率。通过减少或避免病毒排放和科学的卫生管理，保障人员健康及牛肉产品的食用安全，提高生产效率，避免养殖生产中污染物排放和疫病等所造成的水及其他资源的消耗和污染

九、植物保护研究所

植物保护研究所（简称植保所）科研人员结合“双结双促”“双百对接”“千名干部科技人员进千村入万户”等科技项目，在食用菌、蜂授粉、病虫害绿色防控等方面开展科技帮扶工作，实现低收入村农民增收致富。其中，由植保所专家主导的北京房山区大石窝镇辛庄村林下经济模式得到北京市委市政府主要领导的认可。

在“双结双促”工作中，植保所党支部成员对房山蒲洼森水村进行大量调研，为该村制定产业发展规划方案，指明发展方向；充分发挥所内的专业资源优势，进行科技示范和观摩培训，扶贫扶智相结合；筛选蜜源植物和提供技术指导，促进了对当地中华蜜蜂蜂源的科学保护，系列专业培训带动了养蜂合作社的养蜂水平，提升了蜂产品的产量和品质，增加了蜂农的经济收入。在“千名干部科技人员进千村入万户”活动中，植保所领导班子成员带头积极参与，组织所科研人员对接京郊17个村。科研人员通过进村入户了解各村的基本情况，并广泛收集各村和农户建议与需求，充分发挥研究所优势资源，送去实用的农业科技；重点在农药科学合理使用、食用菌栽培及安全生产、中华蜜蜂养殖与蜂授粉、昆虫天敌及科学使用、果蔬作物重点病虫害检测诊断与绿色防控、果蔬及其他作物新品种引进、林业病虫害防控等方面，积极开展新品种新技术的有效对接，及时给予技术指导与培训，增强农户科技素质并提升农业发展水平。在“双百对接”工作中，围绕食用菌栽培技术、蜂授粉以及蔬菜病虫害绿色防控等方面，试验示范大球盖菇、羊肚菌和黄色金针菇等新菇种；推广工厂化食用菌优良品种及配套技术，开展成熟蜜生产、免移虫产浆、樱桃蜜蜂授粉、人工育王等技术的试验示范，推广设施蔬菜、草莓等绿色防控技术。另外，植保所牵头建立房山区大石窝镇辛庄村科技小院和通州区于家务乡富各庄科技小院，试验示范林下食用菌仿野生栽培技术、食用菌优良品种和高效栽培技术，打造农林复合种养模式和庭院经济模式。

科技帮扶工作是一项复杂的系统化工程，涉及面广，参与主体多，政策性强，需要进一步开展模式创新、机制探索。做好低收入村调查调研工作，找准生产中的难点问题，以问题导向正确引导科技支撑工作，充分发挥专业资源优势，支撑精准扶贫，助力乡村振兴。

（一）“双结双促”——房山区蒲洼乡森水村

1. 森水村整体概况

森水村地处房山区蒲洼乡西南，位于河北三坡地区、北京房山蒲洼地区和十渡地区的衔接地带，四周山高、坡陡、沟深，海拔 670 米，村域地形复杂，相对高差悬殊，具有明显的垂直地带性。

森水村村域面积 11 000 亩，耕地面积 151.5 亩，退耕还林面积 277.6 亩。村内以种养殖为主业，主要以白马牙玉米种植、麻核桃种植以及中华蜜蜂养殖等产业为主。2016 年，白马牙玉米种植面积 150 亩，人工石碾加工的白马牙玉米楂受到了当地消费者的好评。在特色养殖方面，村内养殖中华蜜蜂（中蜂）1 500 群，为华北地区规模最大。另有杂粮 10 亩，露地蔬菜 40 亩。在林果种植方面，核桃种植 80 亩，鲜果种植品种较多，主要有鲜杏种植 150 亩、山楂种植 50 亩。

森水村是房山区 35 个低收入村之一，全村分 3 个自然片，共有 94 户，其中五保户 1 户，贫困户 41 户，特困户 4 户。2016 年，全村农村经济社会总收入为 44 万元，其中种植业收入为 13 万元，畜牧业收入为 27 万元。

2. 发展思路及帮扶方向

发展思路——森水村具有明显的垂直地带性，自然风光秀丽，具有良好的旅游发展条件，应通过民俗主题旅游开发，带动关联的林果业、养殖业以及乡村旅游三大体系发展，将森水村打造成文化创意旅游与休闲度假基地、自然风光游览基地、特色农副产品生产加工基地、中华蜜蜂科普教育示范基地，以及具有生态观光、康体休闲、文化体验等复合功能的特色民俗村。盘活农村闲置农宅资源、林果资源、生态资源，拓宽产业链，实现一二三产业有机融合和城乡一体化发展，实现经济、生态、生态的共赢。

帮扶方向——森水村在近年已经发展了一批具有特色的种养殖项目，并且有很好的发展前景。中华蜜蜂的繁育基地更是具有独一无二的影响力，白马牙玉米受到当地消费者的好评。植保所充分发挥自身科技、人才优势，针对当地特色种养殖产业，大力帮扶特色花卉、中华蜜蜂等产业发展，同时，重视本地区原生态山水环境的保护和合理利用，扶贫扶智相结合，提高农民收入，打造京郊新型城镇化背景下美丽乡村建设的典型示范村庄。

3. 帮扶内容及成效

（1）规划立志

植保所领导班子带领党支部成员充分开展调研和技术需求对接，项目开展初期，在开展大量调研的基础上，结合村里的现状，委托院数据与经济所专家为森水村制定了详细的产业发展规划设计方案——《北京市房山区蒲洼乡森水村农业产业发展规划》，为森水村的未来发展指明了方向，为农民创收增添了信心。

（2）技术增效

开展中华蜜蜂产业技术提升示范工作，重点开展蜂群越冬技术示范和现场培训指导，通过引进中蜂标准蜂箱，增加草帘保温等措施，降低越冬种群死亡率；同时开展中蜂幼虫囊肿病发病调查、中蜂蜂王选育及采集工作（图 3-26）。为丰富农业种植作物种类和增加农户收入，陆续为森水村引进木本玫瑰、油用芍药，开展蜜源植物的筛选和示范种植工作。引进的玫瑰和芍药既有观赏价值，又有药用价值。这项工作不仅增加了农户的收入，还改善了村容村貌，增强了村民的幸福感。2018 年引进了京科糯 2000、京科甜 608 和京科甜糯 368 等 3 个玉米新品种，开展了鲜食玉米示范种植工作，增加了农民的经济收入。

通过项目开展，辐射带动低收入户脱贫，新发展中蜂养殖户 6 户，每户蜂群数 10 群，带动周边地区扩大中峰养殖规模 300 群，蜂蜜收购价格由 12.5 元/千克提高至 15 元/千克，提高 20%，养蜂户的收入有了一定的增长。同时，为蜂蜜产品设计和制作了专用包装盒。经过上级部门核定，在植保所的农业科技帮扶下，森水村 10 户低收入户全部脱低，突破了家庭年人均可支配收入 11 160 元的最低标准。

▲ 图 3-26 植保所专家在森水村进行蜂养殖技术指导

(3) 培训扶智

积极开展技术培训指导工作，邀请中国农业科学院蜜蜂研究所杨冠煌研究员和北京市农林科学院徐希莲副研究员开展 4 次技术指导和培训活动，重点提供中华蜜蜂越冬种群营养调控及防病技术指导和越冬蜂箱综合配套技术指导。通过系列专业知识培训，养蜂合作社的养蜂水平得到了提高，蜂产品的产量和品质得到了提升，蜂农的经济收入也得到了一定程度的增加。邀请北京市农林科学院植保所专家开展了 3 次油用芍药和玉米科学种植、病虫害防控技术指导与培训（图 3-27）。累计培训人员 40 人次，培养技术骨干 2 名，提升了森水村的科技能力。

▲ **图 3-27　植保所专家在森水村进行油用芍种植技术指导**

（二）双百对接

自 2017 年“双百对接”项目实施以来，植保所的 4 名专家先后与房山区、密云区、大兴区的 4 个低收入村基地对接，在充分了解其产业发展需求的基础上，针对中华蜜蜂养殖、林下食用菌生产、桑树种植中存在的品种陈旧、技术落后及产后废弃物处理等问题进行精准帮扶。通过项目的实施，实现了产业效益、农民素质双提升，同时为循环农业的发展及绿色种养殖发展做出了巨大贡献。具体见表 3-10（节选图片见图 3-28 和图 3-29）。

▲ 图 3-28 以适宜桑枝为基质的食用菌优良品种筛选

表 3-10 植保所“双百对接”项目情况

序号	项目名称	专家	基地位置	解决的主要问题	内容及成效
1	蒲洼乡森水村科技能力提升	郭晓军	房山区蒲洼乡森水村	中华蜜蜂养殖产业技术提升	1.开展蜂群越冬技术示范，通过引进中蜂标准蜂箱、增加草帘保温等措施，降低越冬种群死亡率；同时开展中蜂幼虫囊肿病发病调查、中蜂蜂王选育及采集工作 2.开展 4 次专家技术指导和培训活动，重点提供中华蜜蜂越冬种群营养调控及防病技术指导、越冬蜂箱综合配套技术指导等 3.新发展中蜂养殖户 6 户，每户蜂群 10 群，带动周边地区扩大中蜂养殖规模 300 群，蜂蜜收购价格由 12.5 元/千克提高至 15 元/千克，提高 20%，养蜂户的收入有了一定的增长
2	北京惠生养蜂专业合作社科技能力提升	徐希莲	密云区石城镇黄峪口村	中华蜜蜂养殖产业技术提升	1.建立地巢蜂箱 10 个，示范并评估了地巢式蜂箱饲养方式降低蜂群越冬死亡率的效果，实现了技术的落地应用，并根据当地环境条件不断改进和完善该饲养方法 2.引进中蜂良种 1 个，开展适应性和生产、越冬性能试验，示范了中华蜜蜂人工育王新技术。通过连续 3 年开展技术培训和示范，实现成功育王 68 只，培养技术能手 2 人 3.试验示范了中蜂自然成熟蜂蜜生产、设施草莓中蜂授粉、蜂产品网上销售等多样化发展方式，拓宽了中华蜜蜂产业发展增收途径

续表 3-10

序号	项目名称	专家	基地位置	解决的主要问题	内容及成效
					4.对接帮扶 10 户低收入户，2019 年底平均年收入达到 13 320 元，全部实现增收脱低，比 2017 年对接之初的平均年收入 8 430 元增收 58% 5.共开展技术培训 10 次，培训人员 320 余人次
3	北京尚青云种植专业合作社科技能力提升	余苹中	大兴区青云店六村	林下食用菌栽培技术及安全生产问题	1.引入平菇、香菇、木耳、榆黄菇、花脸香蘑、黑皮鸡枞等多个食用菌优良品种，食用菌栽培推广面积超 75 亩，产生的经济效益超 300 万元 2.先后 7 次对农户进行食用菌栽培和病虫害防治技术现场指导，使食用菌增产 20%，经济效益提高 15%以上
4	北京宇成兴业种植专业合作社科技能力提升	宋爽	房山区石楼镇二站村	北京宇成兴业种植专业合作社桑叶茶生产废弃物再利用问题；林下经济发展问题	1.筛选出以适宜桑枝为基质的食用菌优良品种 2 个，优化获得桑枝木屑栽培榆黄菇生产配方 1 个。以桑枝木屑替代常规配方中的棉籽壳，添加比例可达到 30%以上，生物学效率可达 75%～80%，与常规生产配方无显著差异 2.开展林下食用菌生产试验示范，在二站村建设 100 平方米林下食用菌出菇大棚 2 栋，示范平菇、猴头菇共计 3 000 余棒

▲ 图 3-29　植保所专家举办养蜂科技培训会

十、植物营养与资源环境研究所

近年来，植物营养与资源环境研究所（简称营资所）以国家政策、院领导及相关部门支持为保障，以“第一书记挂职”“千名干部科技人员进千村入万户”“双百对接”等为契机，以建立科技小院、专家工作站、示范基地、院企合作等方式为载体，通过提供技术指导、技术培训、技术咨询等举措，深入贯彻落实北京市农林科学院京郊篇建设，鼓励所里专家及科研人员走进田间地头，解决低收入村实际问题，帮助京郊低收入村彻底“脱低摘帽”。

在帮扶大兴青云店六村过程中，营资所结合合作社林下经济发展需求，引入与筛选适合本地的林下蔬菜、食用菌、药材，以及林下鸡、鹅等优良品种和相关种养殖技术，开展试验示范，建立具有针对性的技术操作规程；开展林下生态景观种植试验示范，引入林下花卉、观赏草、观赏蔬菜等新品种，形成良好的林下生态景观，为美化生态环境和发展林地休闲观光旅游业起到示范与引领作用。在密云区黑山寺村，以科技小院为载体，解决村内农业有机废弃物循环利用问题，促进村内生活污水净化达到排放新标准要求；同时，构建以中草药展示园为核心的农林复合示范区，发展林下经济，种植类型与村内民俗旅游、膳食开发结合，促进固土保水与土地高效利用。黑山寺科技小院打破以往以单一科技为主的推进模式，开创了科技小院中的“美丽乡村建设综合服务”模式。在密云区西白莲峪村，利用“三大抓手”提高当地居民收入水平：一是技术帮扶，根据该村发展情况，引进优质特色蔬菜、水果、花卉及防病虫害农药品种，建立核心示范区，通过技术培训、示范区技术指导及现场观摩讲解等方式，为当地农户农业生产提供技术支持；二是加强宣传，为提升西白莲峪村特色南瓜和大山黑木耳农产品的知名度，积极联系北京广播电视台、密云电视台、“智农宝”农产品电子商务平台、北京农业和密云 360 等媒体平台，加大宣传力度，让更多消费者知晓和了解西白莲峪村所生产的农产品；三是拓宽销路，通过“军区大院展销”“农科院展销”，以及建行大学北京市分行分校合作网络直播销售、网络平台推广西白莲峪村农产品短视频等活动，改善原有的销售模式，拓宽农产品销售渠道。营资所在开展帮扶工作中，注重因地制宜、创新帮扶模式、强调持续发展，为低收入村脱低及产业发展做出了重要贡献。

（一）“双结双促”——大兴区青云店镇六村

1. 六村整体概况

六村地处大兴区青云店镇南侧，紧邻亦庄经济技术开发区（简称亦庄开发区）。

六村的集体经济极度薄弱单一，村内 920 亩农田地中有 427.5 亩土地进行了出租，年租金仅为 16.7 万元；402 亩平原造林地是六村仅存的发展资源；剩余 90.5 亩为拾边地、沟渠、田间路等。除此没有其他收入来源。2016 年六村选举出王立雪书记，组建新班子，成立北京尚青云种植专业合作社。通过实地调研，多方会商，六村决定发展林下经济，规划利用村内 402 亩平原造林用地，发展林下菌、林下菜、林下药等，以解决低收入农户转移就业问题，提高农民收入。2017 年，六村领导班子筹划建立了“青云店镇六村林下产业园”。

全村共有 220 户、541 人。六村历来是镇里有名的“软弱涣散村”“白点村”，是市级挂账的落后村。六村多年未发展党员，还有过 12 年没能从村内正常选出村支部书记，只能由镇党委指派代理书记的状况。2015 年通过“农户申请、入户核查、民主评议、村级公示、镇级审定”的流程，确定六村有低收入农户共计 201 人，2015 年低收入农户人均可支配收入为 9 600 元。

2. 发展思路及帮扶方向

2017 年，大兴区青云店镇六村被确定为北京市低收入村，北京市农林科学院营资所对接该村，实施科技帮扶，助力六村脱低。

发展思路——大兴区亦庄开发区被定位为京津城际发展走廊上的高新技术产业和先进制造业基地，六村离该开发区不远，所生产的林下农产品可以就近供应开发区市场，为“临空港”提供农产品。因此，应从“林下产业”进行突破，构建“合作模式”的发展之路。充分利用六村的 402 亩平原造林用地，紧跟市场需求，大力发展林下产业。通过加强与大兴区、青云店镇及兄弟村合作社的合作与沟通，打通本村林下农产品的销售渠道；借力与大兴区临空产业园和亦庄开发区相邻的优势，积极开拓本村农产品的市场；加强与企业合作，提供本村绿色林下农产品，实现脱低与持续增收。

帮扶方向——营资所通过深入调研，针对六村林下经济缺乏整体经营与生态规划，村内林地土壤土质较差，林下种养殖技术缺乏等问题，发挥人才及科技优势，从生态农业角度进行设计，提升林下产业经营水平与生态景观形象；制定改土方案，提升土壤营养水平；提供林下种养殖技术帮扶，提升当地林下产业发展水平，实现产业增效、农民增收。

3. 帮扶内容及成效

（1）林下产业规划

营资所结合村内 402 亩平原造林用地的实际特点，协助制定林下经济发展规划，与规划设计部门合作，编制了林下种养殖及生态景观发展规划——《大兴区青云店镇六村林下产业发展规划》，为六村发展林下经济提供政策与方向指导。

（2）林地土壤地力提升与施肥

土壤肥力是发展林下经济的基础。营资所通过网格化采样，对六村林下产业园种植地块进行了肥力监测与测定，发现六村林下产业园的土壤比较贫瘠，地力衰退，理化性质变坏，难以长期满足林木生长需要，也不能满足林下种植作物的生长。营资所结合实际情况制定了详尽的施肥方案，包括施肥方法、施肥种类与数量等，通过施肥，增加土壤肥力，改善林木生长环境和养分状况，从而达到提高林木生长量，缩短成材年限，同时促进林下作物生长的目的。

（3）林下种养殖技术示范

营资所结合六村林下产业园发展需求，针对不同郁闭程度的林地，开展林下中草药、林下菜、林下粮、林下花、林下菌、林下禽等 9 类林下经济技术示范，筛选新品种 20 余个；将种植调整为甘薯、大葱、花生，养殖调整为北京油鸡等适宜管理与销售的品种，建立了适合推广的技术规程共 5 项。通过实施种养结合技术，林下农产品的产量与品质均达到最佳，产品精品化，经济效益突出。例如，2018 年，选择在郁闭度大于 40%的银杏树林、紫叶李树林引进甘薯新品种——烟薯 25 号，由于其适合烘烤，口感很好，市场认可度很高，供不应求（图 3-30）。烟薯 25 号果型适中，适当密植可促使果型偏小，便于装箱销售。专家组建议扩大烟薯 25 号的种植规模，2019—2020 年其种植面积发展到 120 亩，达到六村林下种植最大规模，采摘与礼品箱销售价格达到 2.0～2.5 元/千克，合作社的甘薯收入达到 70 万～80 万元，成为创收的主要作物品种。

▲ 图 3-30　六村林下甘薯生长情况

（4）支部送技术、送温暖

支部书记做到每月深入基地一次，对开展的试验示范进行指导监督。在种植、养殖关键期，组织召开现场技术会商与指导会 20 余次，培养技术员 1 名，培训农民 200 人次以上；在重要节日开展送温暖活动，慰问低收入农户（图 3-31）；组织党员义务劳动活动 3 次（图 3-32）。

通过全面的技术帮扶工作，六村林下经济健康发展，精品农副产品供不应求，低收入村民在获取劳务报酬的同时，还获得了生产分红。2018 年六村的低收入农户人均可支配收入由 9 600 元提高到 1.3 万元。2019 年六村林下经济增收 120 万元，低收入户年人均可支配收入较项目实施前实现翻倍，实现全面脱低。

▲ 图 3-31　2018 年营资所党支部书记邹国元在特困村民家慰问

▲ 图 3-32　营资所支部赴低收入村开展帮扶活动

（二）双百对接

自 2017 年以来，9 位营资所专家先后承担了“双百对接”项目，具体见表 3-11（节选图片见图 3-33 和图 3-34）。通过对对接基地产业发展情况进行深入调研，明确发展方向，针对目前存在的土壤肥力不够、水肥利用率低、种养殖技术水平较低等问题，开展土壤养分提升、水肥管理水平提升及特色种养殖技术提升等帮扶项目。通过项目的实施，对接基地实现了产业的提质增效及农民的持续增收。

▲ 图 3-33 2018 年陈延华在新庄堡村组织“爱在杏乡”志愿活动

▲ 图 3-34 营资所专家开展冬小麦和夏玉米优化管理及栽培技术现场培训会

表 3-11 营资所“双百对接”项目情况

序号	项目名称	专家	基地位置	解决的主要问题	内容及成效
1	青云店镇六村科技能力提升	左强	大兴区青云店镇六村	促进六村林下经济产业健康发展	1. 制定林下经济发展规划，为该村发展林下经济产业园提供决策依据 2. 对产业园区土壤进行采样分析，制定配施方案，确保林木与林下作物健康生长 3. 开展林下中草药、林下菌、林下菜、林下粮、林下禽、林下花等多种林下经济技术示范，筛选适宜作物品种。通过实施种养殖结合技术，林下农产品的产量与品质均达到最佳 4. 引入林下花卉、观赏草等多个品种，营造优美林下生态景观 5. 2019 年村内林下经济增收 120 万元，低收入户年人均可支配收入较项目实施前实现翻倍
2	北京旭世欣华农业科技有限公司科技能力提升	王甲辰	延庆区刘斌堡乡刘斌堡村	帮助企业引进观赏价值较高的花卉并指导企业开展适应性研究	1. 成功引进 8 个耐低温花卉品种，经济效益从 2017 年初的 10 万元上升到 2019 年的 50 万元，增长 4 倍 2. 建立了科学配方 3 个（包括月季施肥配方）和 8 种花卉施肥、调节 pH 的操作规程 3. 每年为刘斌堡母子体验园的 2 000 株月季提供水肥管理方案，保证月季的健壮生长

续表 3-11

序号	项目名称	专家	基地位置	解决的主要问题	内容及成效
3	北京花果飘香果品专业合作社科技能力提升	李红	延庆区大庄科乡东太平庄村	林下养鸡产业增质增效；养鸡产业链延伸	1.通过北京花果飘香果品专业合作社在延庆区大庄科乡东太平庄村集成林下养鸡、鸡产业特色产品加工、鸡文化主题休闲活动为一体的全产业链条，融文化、生态、旅游等要素，对东太平村低收入户产生直接经济效益 31.74 万元，合作社 3 年的销售收入达到 208.11 万元，间接带动东三岔等周边民俗户增收 2.北京花果飘香果品专业合作社 2017 年带动东太平庄村 11 户低收入户年均增收 14 400 元，2018 年带动东太平庄 6 户低收入户年均增收 12 000元，2019 年带动东太平庄和龙庙沟村 9 户低收入户年均增收 5 465 元，初步形成了“合作社＋农户”的增收模式和利益分配机制
4	香营乡新庄堡村科技能力提升	陈延华	香营乡新庄堡村科技能力提升	土壤质量改良问题	1.制定杏树土壤培肥改良技术方案 1 个 2.引入藜麦土壤培肥技术 1 项 3.牵头组织服务专家团队开展科技服务工作，示范推广杏树 300 亩，超过 15 000 棵；年累计科技服务时长 2.5 个月，年累计开展技术指导及培训 4 次，年培养技术骨干 6 人 4.通过各种科技服务方式，在协议期限结束时，新增经济收益 35.7 万元，增幅达到 14.04% 5.带动 4 个低收入户增收，分别由 10 450 元增至 31 000 元，26 550 元增至 49 000 元，18 526 元增至 36 000 元，19 652 元增至 39 000 元

续表 3-11

序号	项目名称	专家	基地位置	解决的主要问题	内容及成效
5	房山区石楼镇二站村科技能力提升	倪小会	房山区石楼镇二站村	水肥利用率提升	1.完成土壤肥力调查报告 1 份 2.确定小麦玉米轮作体系优化施肥方案 1 套，使农民的经济收益提高了 22% 3.对二站村农民进行相关科学技术的现场培训，使村民的养分管理水平及栽培技术得到提升
6	顺义区杨镇荆坨村科技能力提升	杜连凤	顺义区杨镇荆坨村	种植技术水平提升问题；耕地土壤质量改良问题	1.对土壤进行取样调查，掌握了荆坨村土壤质量状况及存在问题，为土壤质量改良提供数据支撑 2.根据土壤养分状况和作物需肥情况制定针对性的施肥方案，达到节本增效的目的 3.通过召开现场品评会，加大科学施肥的宣传力度，极大地带动了农民科学种田的积极性，对新农村建设、农业可持续发展起到推动作用 4.通过培训，农民科学种田意识有所提高，农民对合理施肥、施药、土壤质量提升及农业面源污染等概念有了新的认识
7	北京京北阳光果树种植专业合作社	许俊香	延庆区张山营镇后黑龙庙村	苹果园土壤养分提升	1.将有机肥和粉碎后苹果枝条施入土壤，二者共同发挥作用，提升了土壤有机质含量，由 1.96% 增加到 2.25%，提高了 14.8% 2.改进了施肥方式，施肥方式由传统的撒施改为穴施，肥料利用率更高，苹果产量提高了 5%～10%

续表 3-11

序号	项目名称	专家	基地位置	解决的主要问题	内容及成效
8	密云区冯家峪镇西白莲峪村科技能力提升	马茂亭	密云区冯家峪镇西白莲峪村	“金瓜谷”产业基地科技能力提升	1.农户独立掌握南瓜等蔬菜作物的栽培和施肥技术要点 2.引进北京市农林科学院百合花卉品种，建立核心示范区 3.新增西白莲峪村蔬菜、核桃和板栗农产品包装，进一步提高西白莲峪农产品市场占有率 4.协助完成西白莲峪村精品民宿的设计改造提升工作 5.完成产业园区田间道路规划设计工作 6.完成产业园园区宣传长廊建设工作
9	北京白土沟有机板栗合作社科技能力提升	李吉进	密云区不老屯镇白土沟村	山地土壤立地条件差、缺水少肥、灌溉施肥困难等问题；山区板栗有机生产问题。	通过有机肥培肥管理技术、有机板栗土壤耕层增厚技术、农业有机废弃物资源化再利用技术研究与示范，提升了当地种植业水肥管理水平及板栗产业发展水平

十一、生物技术研究所

生物技术研究所（简称生物所）高度重视低收入村科技帮扶工作，帮扶的低收入村涉及延庆区、门头沟区、大兴区、怀柔区等区的 10 个低收入村。生物所组成专家团队认真开展科技帮扶，主要利用生物所的品种、技术和人才优势，结合低收入村的需求和发展现状，开展优良谷子、芍药、茶菊、食用百合等品种的引进和配套技术的集成示范，积极组织开展农民技术培训，打造特色产业，营造美丽乡村环境，锻造名牌农产品。生物所党支部积极开展“双结双促”工作，组织职工和志愿者帮扶低收入村，所帮扶低收入村全部顺利脱低。

引入特色产业。利用生物所的资源、技术和人才优势，结合低收入村的发展现状和发展需求，因地制宜，邀请专家为村集体发展做规划，植入特色产业。在延庆区四海镇开展茶菊产业化示范，引入茶菊新品种和配套的栽培技术，改进茶菊加工工艺，助力前山村打造“京水源菊花”品牌；在浅山区引入谷子新品种，示范轻简化栽培技术，促进农民增收；结合乡村旅游需求，引入花卉、观赏草等新品种，建设美丽乡村，发展高端民宿，助力低收入村脱低。

开展技术培训。生物所组织专家团队，针对产业发展中存在的问题开展技术培训和技术攻关，专家们经常到低收入村现场调研，布置试验方案，培训技术骨干，先后解决了茶菊产业发展中面临的病虫害、重茬问题，解决了浅山区农业产业发展面临的劳动力短缺问题，解决了乡村景观植物配置和林下经济发展的问题。通过集中授课、田间学校、微信群等灵活多样的形式开展技术培训，培养了一批当地的农业实用人才，为产业发展提供技术支撑。

开展共建，协助品牌创建。前山村是生物所党支部的支部共建村，生物所党支部与前山村村委不定期进行沟通，共同开展支部共建活动，带动生物所党员、积极分子和团员深入前山村了解情况，为前山村茶菊产业发展提供劳务志愿服务。整合各方面的资源，积极帮助前山村顺利获得农业农村部“一村一品”示范村镇的荣誉称号，扩大了前山村茶菊品牌的影响力，提升了知名度。

积极营造美丽的乡村环境，多方引入宣传媒介，助力高端民宿品牌化建设。

（一）“双结双促”——延庆区四海镇前山村

1. 前山村整体概况

前山村是一个深山村，隶属延庆区四海镇，位于延庆城东北约 42.5 千米处，四海镇政府西侧 7 千米。

前山村村域总面积 1 952.6 亩，其中耕地 201 亩、园地 201 亩、林地 1 247.6亩、其他农用地 47 亩、建设用地 49 亩、未利用土地 207 亩。前山村以传统的第一产业为主要产业。农业产业主要以杂粮、经济林果为主。2016 年，村庄开始调整种植结构，种植玉米 50 亩，新种菊花 110 亩，百合试验田种植百合 5 亩，种植板栗树 130 亩，种植杏树 71 亩。

2016 年，全村共有 101 户、191 人，其中低收入农户 40 户、81 人。村内收入主要来源为农业产业和转移性收入，无企业，无法外出务工的村民没有其他经济来源。

2. 发展思路及帮扶方向

自 2016 年底以来，北京市农林科学院生物所党支部与延庆区四海镇前山村党支部开展“双结双促”帮扶工作。

发展思路——地域偏远是前山村低收入户多的原因之一，村庄距北京市区较远，且处于山区，缺少耕地，但具有丰富的旅游资源。应当充分利用其林地资源，发展特色种植业，实现前山村产业顺利转型。坚持走以食用花卉产业与林果产业提质增效为主线，休闲度假产业配套融合的产业发展路子，面向北京，立足自身优势，大力发展休闲度假旅游，构筑一个自然资源充分利用，农业生产、生活条件全面改善，生态环境有力保护，第一产业内部结构优化并与第三产业有效结合的综合发展模式，推动农村经济较快发展。

帮扶方向——生物所党支部通过深入调研发现，前山村虽种植板栗、杏树，但规模均不大，品质也不高，林下松蘑产业存在缺乏加工技术及设备等问题。应当针对性地制定产业发展规划，引入特色品种，提升种植业生产、管理水平，加强采后加工能力，结合乡村旅游，最终实现自然资源充分利用，农业生产条件改善，生产水平提高，生态环境得到保护，农民收入显著增加，低收入户全部脱低。

3. 帮扶内容及成效

（1）制定发展规划

组织生物所的党支部成员多次现场考察，与前山村党支部座谈，了解现状与需求；与北京市农林科学院数据科学与农业经济研究所合作，多次到现场考察前山村现状和需求，针对其村庄位置及土地和人口资源现状，制定前山村发展规划，提出发展茶菊、百合等功能性花卉，营造花海景观，发展高端民宿。

（2）引入新优品种

引入茶菊新品种玉台 1 号，组织专家开展茶菊种植全程技术指导和培训，定期前往前山村调研，及时发现和解决问题（图 3-35）。茶菊种植每年 200 余亩，亩产值超过 5 000 元。引入赏食兼用型百合品种 10 余个，累计种植 20 余亩，亩产值超过 4 000 元。从迁西引进板栗新品种，通过嫁接逐步改良原有品种，实现板栗园品种的更新换代与提质增效。

▲ 图 3-35 专家在四海镇前山村调查茶菊病害

(3) 发展采后加工

邀请北京市食用菌专家前往前山村现场考察林下松蘑的生产和加工现状，根据专家建议，引进松蘑烘干加工机械，解决了松蘑采收后的加工难题。

(4) 开展帮扶慰问活动

针对前山村劳动力不足的现状，多次组织党员、职工开展帮扶活动，义务帮助前山村开展菊花种植、采收，减轻采收不及时造成的损失。每年中秋节、春节等节假日，组织党员干部到前山村低收入户家庭慰问，送上关怀和帮助，了解生活需求，和前山村村委协商解决增收问题。

(二) 双百对接

自 2017 年以来，生物所共承担低收入村“双百对接”项目 12 项，通过特色花卉的引种、种植，高效、安全生产技术的示范与推广，以及一二三产业的融合发展，使对接基地的科技能力得到了大幅度提升，在提升农民收入方面也取得了良好的效果。具体情况见表 3-12（节选图片见图 3-36 至图 3-38）。

▲ 图 3-36　机械化定植浇水一体化技术示范

▲ 图 3-37 林下百合种植技术指导

▲ 图 3-38 林下百合景观

表 3-12 生物所“双百对接”项目情况

序号	项目名称	专家	基地位置	解决的主要问题	内容及成效
1	四海镇菜食河村科技能力提升	黄丛林	延庆区四海镇菜食河村	北京四海种植专业合作社菊花优质生产问题	1.示范推广了茶菊品种玉台 1 号，对茶菊新品种 11-C-3 进行了区试 2.推广了茶菊高效安全扦插育苗技术、机械化定植浇水一体化技术、安全高效优质栽培技术 3.建立了茶菊“组培苗-种苗”优质种苗繁殖技术，生产组培苗 6 万株。指导繁殖种苗 410 万株，示范推广茶菊 1 350 亩，茶菊种植业产值达到 594 万元，菊花茶产值达到 1 543 万元 4.培训农民 240 人次。直接带动菜食河村低收入户 12 户，辐射带动四海镇低收入户 100 户
2	四海镇前山村科技能力提升	张秀海	延庆区四海镇前山村	引入适合当地发展的特色产业	1.为丰富前山村的花卉种类，生物所为前山村引进赏食兼用型百合品种 10 余个，累计种植 20 余亩，每亩收入 4 000 元以上 2.为前山村引进 1 个茶用菊花新品种玉台 1 号，集成示范配套栽培技术，包括机器栽苗、施肥、病虫害防治等技术，每年派专家指导茶菊种植，示范面积超过 200 亩，每亩收益超过 5 000 元
3	四海镇王顺沟村科技能力提升	杜运鹏	延庆区四海镇王顺沟村	引入特色产业；产业融合发展	1.更新茶菊品种，改良土壤，就茶菊产业提质增效提出了建议和方法 2.通过结合种植食用百合带动花卉旅游经济的发展

续表 3-12

序号	项目名称	专家	基地位置	解决的主要问题	内容及成效
4	怀柔区宝山镇菜树甸村科技能力提升	姚磊	怀柔区宝山镇菜树甸村	谷子产业提质增效	1.在当地推广适宜种植的谷子品种 7 个 2.通过参加项目期间的技术培训，农户基本掌握了谷子高效轻简化栽培技术的流程 3.谷子高效轻简化栽培技术及配套优质新品种的结合应用，使每亩省工 4～6 个，节约劳动力成本 400～500 元 4.榛子树与谷子套种，以短养长，增加了果树幼苗期的收益 5.全生育期旱作，达到节水目的
5	北京尚青云种植专业合作社科技能力提升	赵亮	大兴区青云店六村	北京尚青云种植专业合作社林下种养殖技术问题	1.引入并筛选林下作物新品种 5 个 2.建立林下病害高效绿色防控措施 1 套 3.推广适合林下种植的优秀种质及其病害绿色防控示范 100 亩 4.开展技术培训 3 次，培训农民 200 人次
6	北京虎跃涧枣树种植专业合作社科技能力提升	杜运鹏	门头沟区斋堂镇白虎头村	村内景观美化；农旅融合发展	1.通过种植不同季节花期的花卉植物（百合、芍药、草花、月季、观赏草、羽衣甘蓝等），打造花海乡村 2.发展枣树林下经济，种植食用百合、观赏草等，打造农旅融合乡村发展样板

续表 3-12

序号	项目名称	专家	基地位置	解决的主要问题	内容及成效
7	北京山前花卉种植专业合作社科技能力提升	陈绪清	延庆区四海镇前山村	特色产业科技提升	1.引进迁西板栗新品种接穗 12 000 个，完成了 200 亩果园的升级换代。由于接穗挂果需要 3 年左右的时间，2021 年以后才开始有收益 2.引进赏食兼用型百合新品种 3 个。在前山村累计试验种植 15 亩小籽球和 30 亩百合种球。小籽球的产量显著高于平原地区，百合种球的产量也较高
8	北京河海猪苓种植专业合作社科技能力提升	陈东亮	延庆区四海镇菜食河村	茶菊品种退化及种苗质量差的问题	1.对菜食河村主要种植的玉台 1 号茶菊进行了提纯，并进行了组培复壮。通过采用提纯复壮后的母株及标准化育苗技术，种苗质量得到显著提高。相对于原自留种苗，新种苗的长势一致性强，花期一致，且病虫害少，产量也有所增加，每亩可增产 50～120 千克 2.每年为合作社提供 3 万株健壮组培苗，并提供标准化育苗技术，指导合作社自行扩繁优质种苗，3 年累计扩繁 210 万株，种植 600 亩以上
9	门头沟区清水镇黄安坨村科技能力提升	张立全	门头沟区清水镇黄安坨村	谷子产业发展问题	1.通过对张杂谷系列和冀谷系列品种试种，发现冀谷 39 和张杂 10 两个品种比较适宜当地种植。示范推广谷子种植面积 50 亩，省去间苗、定苗、除草等人工 4～5 个/亩，相当于每亩节约劳动力成本 400～500 元。通过轻简化栽培技术与配套品种的结合应用，亩产达到了预期目标

续表 3-12

序号	项目名称	专家	基地位置	解决的主要问题	内容及成效
10	北京四海清源花卉种植专业合作社科技能力提升	张铭芳	延庆区四海镇王顺沟村	花卉产业提质增效	1.组织相关专家到王顺沟村进行万寿菊和茶菊的种质更新及栽培养护技术的指导和培训，包括育苗移栽、水肥管理与病虫害防治等，为王顺沟村菊花收获“保质保量” 2.提供了 3 个百合品种的种球进行种植示范，并提供全程（从种植到回收种球）技术服务。通过建立微信群，随时解答遇到的问题 3.负责百合种球的回收。通过回收百合种球，对接的 3 户低收入户户均增收 3 000 元左右
11	房山区南窖乡水峪村科技能力提升	张秀海	房山区南窖乡水峪村	引入特色农业产业	1.先后引入赏食兼用型百合品种 5 个，在梯田及村边开展种植试验，种植 20 余亩 2.开展种植技术培训，多次前往现场指导和解决问题 3.引入鲜食甜糯玉米，种植 20 余亩，并帮助联系相关企业对甜糯玉米进行收购
12	房山区大石窝镇惠南庄村科技能力提升	罗昌	房山区大石窝镇惠南庄村	林地芍药种植产业提质增效	1.2019 年 10 月栽种的 50 亩芍药，到 2020 年 4 月 100%成活，2020 年 5 月 90%的植株开花 2.全程指导芍药栽种、收获与病虫草的防控，取得了良好的效果 3.安排村里 10 余户低收入人员参加芍药的栽种、收获以及日常田间管理

十二、质量标准与检测技术研究所

质量标准与检测技术研究所（简称质标所）自开展低收入增收工作以来，围绕乡村振兴战略和农业高质量发展主题，以“科技惠农行动计划”“院镇合作”“双百对接”“千名干部科技人员进千村入万户”等项目为切入点，充分发挥在农产品质量安全领域的科技创新和服务优势，引导科研人员深入京郊一线开展科技服务工作，推动技术成果落地应用，用科技的力量助力京郊和周边区域产业发展，实现脱低增收和高质量发展。

自 2017 年以来，质标所在北京通州区、平谷区、昌平区、延庆区等低收入地区开展果蔬、粮食作物等农产品质量安全生产技术及成果的推广和示范，助力低收入村“脱低摘帽”。例如，在永陵村建立以特色食用蘑菇栽培和蜜蜂养殖为主的农村科技推广帮扶示范点，针对农村推广农业科技提出了新思路，开辟了新途径，取得了展示度高、带动性强、经济效益显著的农村科技示范成果。

在开展帮扶工作的过程中，质标所用科技对接农业品牌建设需求，质量标准助力产业升级发展。质标所在延庆区香营乡新庄堡村开展扶贫脱低工作中，结合当地西瓜产业发展需求，围绕冷凉区小型西瓜品牌建设，开展了西瓜可溶性固形物检测、西瓜病虫草害绿色防控等技术的示范与推广工作；对基地土壤环境进行了监测，通过测定基地土壤重金属含量，摸清了基地环境质量水平，为进一步申请产品认证、品牌建设等打下了坚实基础。

另外，质标所利用专家资源开展线上线下科技培训、技术指导和科技咨询，为农业生产企业和农户提供专业精准的技术咨询和公益服务，为低收入地区培养了基地技术骨干，树立了低收入农户的脱贫信心，实现了产业持续增效和低收入户整体脱低。

（一）“双结双促”——昌平区十三陵镇永陵村

1. 永陵村整体概况

永陵村位于十三陵镇政府以东 1 千米，属于半山区村。

永陵村村域面积 5 554 亩，耕地面积 192 亩，园地面积 818 亩，建设用地 549 亩，山地面积 3 995 亩。林木覆盖率 71%。由于永陵村地处十三陵镇，受文化遗迹保护政策的影响，不能过多地进行经济开发。同时，永陵村山地面积占村域面积的 72%，自然资源匮乏。另外，永陵村基础设施较差，种植产品单一，销售以自产自销为主，缺少产品销售渠道。2016 年永陵村林果业收入 8 万元，畜牧业收入 39 万元，成立北京市昌平区长陵镇永陵村经济合作社 1 个，有民俗旅游接待户 2 户。

永陵村有农户 202 户，农业人口 403 人，低收入户 106 户，低收入农户 178 人，其中低收入户年均收入水平在 10 000 元左右 。

2. 发展思路及帮扶方向

自 2016 年底以来，北京市农林科学院质标所党支部与昌平区十三陵镇永陵村党支部开展“双结双促”帮扶工作。

发展思路——永棱村历史悠久，有很多古迹，生态环境优美，旅游资源丰富，但其地处非物质文化遗产区域，发展受限。应基于永陵村产业发展的优势及劣势分析，坚持旅游富民理念，以“一个主题，三个组团”为产业发展思路，通过民俗主题旅游开发，带动关联的绿色骑行、生态食用菌以及林下经济发展。整合村庄最优秀的文化与生态旅游资源，围绕绿色生态与健康、民俗文化与历史，通过充分挖掘人文、自然旅游资源，把永陵村初步构建成能够满足北京地区市民休闲、度假需求的民俗旅游村。着力打造绿色骑行、生态食用菌体验，以及融合生态种植、特色餐饮、农事体验、科普教育等于一体的旅游项目，使休闲观光农业成为永陵村农业发展和增加收入的有力推手。

帮扶方向——永陵村由于受文化遗迹保护政策的影响以及自然条件的

制约，不宜过多地进行经济开发，其帮扶需求主要集中在如何进行思路创新，如何开展低能耗、低劳动强度的轻量化种养殖业。质标所通过深入调研，认为从林下经济帮扶入手，是提高土地利用率、增加农民收入的可行之策。另外，永陵村的自然条件与生态环境非常适合养殖蜜蜂，这也是促进农民增收的一条有效途径。

3. 帮扶内容及成效

（1）食用菌种植帮扶

食用菌非常适合低收入家庭种植，原因有三：一是可将菇房放置在低收入户家中，不用单独寻找场地，就盘活了低收入户家中闲置的房屋资源；二是方便低收入户进行日常管理和采摘，在家中就可以操作，不用到处奔波；三是方便就地销售和村民上门采摘，解决了一部分销售问题。配置自动加湿和自动通风装置及其控制系统，可减少低收入户管理的经验限制，降低低收入户的工作强度。质标所从庭院、林下食用菌栽培两方面入手，因地制宜，选定栗蘑、平菇、榆黄菇等食用菌作为种植对象，向农户普及食用菌的生长习性与种植方法相关知识，并针对低收入户的特点，量身定制培训方案，使低收入户逐渐掌握食用菌种植技术，树立了低收入户的脱贫信心。

（2）蜜蜂养殖帮扶

根据永陵村的自然条件与生态环境特点，选取中华蜜蜂作为饲养蜜蜂品种，并为养殖户升级改造蜂箱、巢础、防护服等养蜂用具及附件。帮助示范基地改建蜂场，推广专业的养蜂方式；通过调整蜜源植物种类、面积、花期等，确定放蜂地点；根据实际情况选择蜂种，并对蜂群进行合理排列。同时，开展养蜂及预防蜂蜇的专业技术培训，推广人工养蜂技术，使养蜂成活率高，为永陵村示范基地带来经济创收。

（3）互联网营销帮扶

以“智农宝”平台为依托，指导、培训蜜蜂养殖户和食用菌种植户利用了互联网销售农产品，实行线上线下同步销售策略。同时，开展永陵村网站设计与开发工作，并提出一套永陵村门户网站设计方案。项目组共培训蜜蜂养殖技术和庭院栽培食用菌技术 100 余人次，并提供农产品销售渠道拓展等技术服务；以“互联网＋农业”模式为永陵村农业生产提供合理、有效的创收新思路，为北京市“双遗产保护村”脱低树立新典范。

通过项目的实施，永陵村低收入户掌握了食用菌栽培技术及养蜂技术，实现年人均可支配收入增长 15%以上。

（二）双百对接

自 2017 年以来，质标所共承担低收入村“双百对接”项目 5 项，通过改善当地土壤环境、推广产品质量安全检测技术，提升了当地农户的安全生产水平和农产品的产品质量。经过几年的实施，项目组在京郊帮助合作村的多户农户脱低，取得了良好的效果，具体见表 3-13（节选图片见图 3-39）。

▲ 图 3-39　组织专家进行西瓜苗期病害调研和指导

表 3-13 质标所“双百对接”项目情况

序号	项目名称	专家	基地位置	解决的主要问题	内容及成效
1	永陵村科技能力提升	贾文珅、王卉、付海龙	昌平区长陵镇永陵村	农产品销售障碍；林下经济及庭院产业发展问题	1.从庭院、林下食用菌栽培两方面入手，选定栗蘑、平菇、榆黄菇等食用菌作为种植对象，向农户普及食用菌的生长习性与养殖方法相关知识，并针对低收入户的特点，量身定制培训方案，使低收入户逐渐掌握食用菌种植技术，树立低收入户的脱低信心 2.选取中华蜜蜂作为饲养蜜蜂品种，并为养殖户升级改造蜂箱、巢础、防护服等养蜂用具及附件。同时，聘请专家为农户讲解养蜂技术，包括蜂王培育技术、蜜蜂病虫害防治、蜂产品生产技术、授粉技术等，重点讲解了蜜蜂饲养过程的管理技术与生产蜂蜜中的重点技术措施与经验 3.以“智农宝”平台为依托，指导、培训蜜蜂养殖户和食用菌种植户利用互联网销售农产品，实行线上线下同步销售策略。同时，开展永陵村网站设计与开发工作，并提出一套永陵村门户网站设计方案
2	延庆区香营乡新庄堡村科技能力提升	罗娜	延庆区香营乡新庄堡村	农产品产地环境问题及产品安全生产问题；农产品品牌建设问题	1.进行产地环境质量监测与评价，采集土壤样品 22 个，检测指标涵盖 Cr、Hg、Cd 等 8 种重金属元素，检测结果表明该区域无重金属污染情况，产地环境良好。完成检测后提供土壤环境质量检测数据 1 份 2.进行农产品品质检测，采集西瓜样品 74 个，对西瓜的外部尺寸和内部糖分等品质指标进行检测；采集葡萄样品 313 个，检测葡萄糖分指标

续表 3-13

序号	项目名称	专家	基地位置	解决的主要问题	内容及成效
					3.支持“香营乡设施西瓜优质高效栽培技术示范园”建设，并提供部分生物杀虫剂等农资投入品 4.开展基地农产品品牌建设，完成艾产品外包装盒外观设计1件，制作包装盒若干 5.累计提供培训和现场指导10余次，培训基地技术骨干5人，示范推广面积100亩
3	北京一品农业发展有限公司	韩平	延庆区香营乡新庄堡村	基地环境质量问题；西瓜品质快速检测技术问题及安全生产问题	1.结合当地产业和企业实体科技需求，开展西瓜种植和管理科技培训2次 2.围绕冷凉区小型西瓜品牌建设，开展西瓜可溶性固形物检测技术的示范与推广工作，针对西瓜病虫草害绿色防控开展现场培训4次 3.编写《西瓜种植管理技术资料选编》，并赠送给基地相关技术人员20余套 4.对基地环境质量进行监测，布设土壤取样点，采集土壤样本，提供相关检测报告1份 5.累积开展现场指导、交流和培训50余人次；开展技术座谈会2次。对接的5户低收入户年均可支配收入增加了10%以上

十三、数据科学与农业经济研究所

数据科学与农业经济研究所（简称数据与经济所）落实《北京市农林科学院关于推进低收入村（户）增收科技帮扶工作的意见》要求，以规划为先导，发挥平台、技术和专家团队优势，面向 20 个低收入村，推进“产业规划＋技术品种引进＋信息技术应用＋科技咨询服务＋人才培养＋农产品宣传”的全产业链精准帮扶模式，有效地解决了低收入村产业发展思路模糊、产业链条短、生产技术落后、产品附加值低、销售渠道单一等制约增收的问题，在门头沟区、延庆区、密云区、顺义区等区打造了多个特色优势主导产业，培养了一批新型农业生产经营主体技术骨干和新型职业农民，提高了低收入村农产品增值空间，为低收入村持续发展注入内生动力。

数据与经济所发挥规划对低收入帮扶的先导性作用，先后完成了房山区蒲洼乡富合村、延庆区大庄科乡董家沟村、怀柔区喇叭沟门满族乡上台子村、门头沟区雁翅镇青白口村等低收入村产业发展规划 20 项。规划以当地产业发展基础、生态环境、资源环境等为依据，盘活农村农用地、农村集体建设用地、生态环境等“三大资源”，拓宽产业链，实现一二三产业有机融合和城乡一体化发展，为低收入村经济建设和生态文明建设提供新的思路和发展路径。针对低收入村农产品销售难的问题，依托“智农宝”电商平台建立了“互联网＋电商帮扶”的创新模式，为低收入村农产品提供入驻、宣传、销售等服务。针对没有品牌、产品零散且上市不成熟的低收入村农产品，进行统一采收，以“精准帮扶，爱心传递”为主题开辟线上宣传专栏，组织线下推广活动，提高产品知名度；针对有自主品牌的低收入村农产品，通过“智农宝”线上平台、社区公益活动、入驻超市等多种渠道宣传、销售。直接对接门头沟区、延庆区、顺义区、密云区等区 30 余个低收入村生产基地，采用“生产基地＋加工企业＋电商”的产业链帮扶模式，帮助其解决杏仁、核桃、苹果、设施蔬菜等农产品销售难的问题。数据与经济所发挥专家团队优势，集成应用融媒体农业科技咨询服务平台和远程教育平台，面向延庆区、房山区、门头沟区、大兴区等区的产业带头人和基层农技人员实施人才培养工程，举办高研班、全生长期蹲点技术培训班、技能竞赛等培训活动，实现专家与低收入村的“一对一”结对培育和“点对点”技术指导。参加培训的学员纷纷表示，通过学习他们明确了发展方向，拓展了发展思路，为下一步发挥辐射作用、引领带动低收入村经济社会发展提供了知识和技术储备。

数据与经济所通过提供产前发展规划、产中技术指导、产后销售帮扶全过程和全周期的科技服务，开创了全产业链科技信息精准帮扶模式。未来，数据与经济所将一如既往，继续发挥科技信息的优势，为农业产业创新发展贡献力量。

（一）“双结双促”——门头沟区雁翅镇青白口村

1. 青白口村整体概况

青白口村位于门头沟区雁翅镇政府西侧，永定河西山（官厅山峡）中段，与城区距离较远，距离门头沟城区 43 千米，距离北京城区 75 千米。

全村耕地面积 50 亩，主要种植玉米；林地面积 21 000 亩，主要种植红富士苹果 500 亩，年产量 500 吨，苹果是当地的支柱产业；民俗旅游户 5 户，闲置农宅 30 处，可用面积共 3 000 平方米；林果业合作社 1 个。村内有独特的地质，地质学上将 10 亿～8 亿年命名为“青白口纪”，青白口村就是以村庄的地质特征命名的。村边有清代过永定河修建的“桥板洞”遗址，村中有“一元春”药铺遗址，是 20 世纪 30 年代中共宛平县委的活动和办公场所。

全村有 380 户、577 人，常住人口 400 人，劳动力 390 人，低收入户 93 户、159 人。

2. 发展思路及帮扶方向

北京市农林科学院数据与经济所党总支深入对接门头沟区雁翅镇青白口村，开展“双结双促”帮扶工作，帮助青白口村依靠产业脱低增收。

发展思路——青白口村地处门头沟最偏远的山区腹地，与城区距离较远，产业结构单一，且村中常住人口老龄化问题突出。应突出当地苹果产业特色，发展采摘、乡村旅游等附加值更高的绿色产业。

帮扶方向——通过深入调研，针对当地产业结构单一、产销对接不畅等问题，数据与经济所通过编制产业发展规划来指导产业转型与发展；通过提供技术指导和远程信息服务，提高低收入群体生产和管理能力；借助互联网等信息手段，实现产销对接，并对休闲旅游、观光采摘等进行宣传，带动当地产业发展，实现产业融合、农民持续增收。

3. 帮扶内容及成效

数据与经济所党总支高度重视低收入村科技帮扶工作，通过与村党支部结对子，与低收入农户结亲戚，建立科技帮扶基地，搭建信息化服务平台，规划引领产业发展，切实发挥基层党组织在低收入农户增收及低收入村发展中的推动作用，多措并举，精准发力，使扶贫与扶志、扶智相结合，提升帮扶对象内生“造血”功能，开创可持续、有特色的科技信息精准帮扶之路（图 3-40）。

▲ 图 3-40 数据与经济所与青白口村产业带头人开展“双结双促”对接

(1)“理论+实操”，开展现场科技培训

为提高培训实效，采取“理论+实操”的方式，针对低收入村科技需求，开展现场培训。开展了苹果冬季修剪、果树夏季管理、特菜栽培技术、林下食用菌栽培、林下养殖等方面的指导，直接受益 150 余人次。通过培训，推动当地农户与北京市农林科学院专家进行技术对接，专家丰富的实践经验和深入浅出的讲解，解决了现场学员多年的生产疑难问题，深受当地农户好评。

(2) 多渠道服务，开展远程技术指导

为促进基地科技能力提升，加强信息化应用能力，2017 年，数据与经济所为基地安装了一台农业科技咨询云服务终端机，通过农科云平台提供了农业新闻资讯、专家技术问答、多元教育培训、品种技术展台、农商农品市场、便民生活导航六大频道。通过农业科技咨询云服务终端机，指导农户通过远程多渠道信息服务方式得到专家的指导。同时充分利用北京农科热线 App、QQ、12396、语音电话等便捷方式，获得远程专家指导服务。通过多渠道方式开展信息服务 300 余人次。

(3) 开拓产业新路，科技帮扶助增收

针对低收入户产业发展需求，为拓展低收入户增收方式，鼓励发展林下经济。发放适合林下种植的蔬菜种子 20 多种，发放鸡苗 500 多只，开展林下食用菌种植培训，推动林下菜、林下禽、林下菌等林下产业的发展，弥补树龄老化产量降低的损失，增加收入。

(4) 设计展示网站，开展农产品展示服务

数据与经济所规划团队为低收入村制作了专题宣传展示网页，加强了宣传力度，扩大了影响力，进而助力低收入户增收。同时，通过北京农业信息网“市场服务”栏目为基地提供农产品供求信息发布和农产品展示服务，对当地农产品进行网络展示，促进基地产品销售，实现节本创收。在收获之际，及时在北京农业信息网发布产品展示及供应信息，提高了当地农产品知名度，打开了北京市场。通过开展第八届苹果文化采摘节宣传活动，加大了宣传推广力度，促进了当地苹果的销售，带动了低收入户增收。

(5) 发挥产业优势，开展规划编制工作

根据低收入村地理位置、产业情况等方面，规划团队深入实地，了解需求及实际情况，细致地制定了门头沟区青白口村产业发展规划。同时，为北京益农缘生态农业专业合作社进行了规划编制，涉及规划背景、产业发展现状、产业优势、发展前景、发展思路、产业部署、效益分析等方面。通过制定详细的产业规划，提出了一条科学发展之路，指导产业转型与发展，发挥规划的引领作用，将产业做好，切实带动低收入村增收。

(6) 节日慰问，开展送温暖活动

数据与经济所面向当地低收入户开展送温暖活动。每逢新春佳节，党总支书记亲自带队到青白口村低收入户家中进行慰问，为他们送去年货。每一位低收入农民都对数据与经济所党总支深表感谢，纷纷表示通过党总支的热心帮扶感受到了党的温暖，坚定了克服困难、改善生活面貌的信心。在帮扶活动中，为支持当地精神文明建设，数据与经济所党总支还为村图书室赠送了数百本农业科技图书，为农民了解先进的农业科学知识提供了内容丰富的学习资源。

(二) 双百对接

自 2017 年开始实施“双百对接”项目以来，数据与经济所的 10 位专家分别对接了 12 个低收入村基地，具体情况见表 3-14（节选图片见图 3-41 和图 3-42）。对接专家主要从产业规划入手，通过对低收入地区的地理位置、产业发展及社会经济情况进行深入的调研，因地制宜地编制适宜当地发展的产业规划，为低收入村长期发展明确了定位、指明了方向。同时，针对目前低收入村产业附加值低等问题，从产销对接的角度，对当地特色农产品进行线上线下相结合的宣传，并充分利用电商平台促进低收入村特色农产品的销售，为农产品开拓了新的销售模式，实现了产业链的延伸。

▲ 图 3-41　规划专家、养蜂专家对聂家峪流转土地进行规划设计

▲ 图 3-42　“春风送暖农家女　科技帮扶大沟村”活动现场

表 3-14 数据与经济所“双百对接”项目情况

序号	项目名称	专家	基地位置	解决的主要问题	内容及成效
1	喇叭沟门满族乡上台子村科技能力提升	姜鹏	怀柔区喇叭沟门满族乡上台子村	农业产业发展规划问题；生产技术培训问题	1.对上台子村 9 块成规模的耕地土样进行氮、磷、钾、有机质的系统检测，全面了解村里各处耕地的土壤养分含量，对合理选择作物品种及有效种植起到指导作用，并为今后种植农作物和施用药品提供科学依据 2.通过对上台子村进行实地调研与开展座谈，结合周边市场及北京市的发展情况，为上台子村编制为期 3 年的农业产业发展规划 3.依托 12396 北京新农村科技服务热线，开展技术咨询答疑以及远程技术指导。技术指导及培训 20 人次，培养技术骨干 3 人
2	北京益农缘生态农业专业合作社科技能力提升	郑亚明	门头沟区雁翅镇青白口村	提升合作社信息化水平	1.发放咨询通信息化产品 50 余套，为基地安装农业科技咨询云服务终端机 1 部；安装了北京农科热线 App 系统 30 余套，建立一套“远程+现场”的多通道服务合作模式，随时、随地、随需解决基地技术问题，深受用户欢迎 2.通过“理论+实操”“远程+现场”的服务方式开展培训和服务 30 余次；开展科技培训 150 余人次，多渠道服务指导 300 余人次；通过北京农业信息网及专题宣传网页，对基地农产品进行网络展示，扩大影响力，促进收入的增加；培养技术骨干 2 人 3.服务覆盖园区种植累计 300 亩，辐射带动周边农户种植 1 500 亩。项目实施期间（2017—2019年），促进节本增收，增效 20%以上

续表 3-14

序号	项目名称	专家	基地位置	解决的主要问题	内容及成效
3	延庆区大庄科乡董家沟村科技能力提升	付蓉	延庆区大庄科乡董家沟村	产业发展规划；特色农产品宣传、销售	1.编制产业发展规划 1 份 2.安装了双向视频诊断系统，并提供咨询通产品 5 套，帮助及时解决董家沟村的生产技术问题。开发了董家沟村农产品质量安全追溯系统，帮助提升村内产品质量的可信度，目前牡丹香水沐浴皂产品已经开始应用该系统 3.“智农宝”电商平台 3 年间帮助董家沟村销售山楂约 100 吨；对董家沟的蜂产品进行包装设计、品牌策划；对董家沟的小米、板栗、核桃等进行线上线下展示、宣传与销售 4.通过预售、团购、社区促销等形式帮助董家沟村销售板栗约 1 500 千克、核桃约 500 千克 5.通过“智农宝”电商平台和中关村智慧旅游创新协会对董家沟村发展休闲养老产业进行预热宣传 6.开设董家沟村对外的宣传专题频道，加大了对董家沟村文化、历史、乡村旅游以及特色农产品等方面的推介力度 7.建立了全景虚拟漫游展示系统，实现董家沟村的动态效果展示，增强了观众的体验感，观众不用到现场就能以虚拟的形式自由穿梭于基地之间
4	顺义区杨镇荆坨村科技能力提升	付蓉	顺义区杨镇荆坨村	农业生产技术指导；特色农产品宣传、销售	1.项目通过应用信息化成果、科技培训、多通道服务及现场培训指导，解答了农户生产过程中遇到的疑难问题，促进了荆坨村主导产业适用先进技术在当地的推广应用，促进了当地产业优化升级，最终产业节本增收 20 万元，增幅达到 10%

续表 3-14

序号	项目名称	专家	基地位置	解决的主要问题	内容及成效
					2.通过“智农宝”电商平台帮助荆坨村策划“第二届荆坨村麒麟西瓜节”，并在线上线下进行了推广，获得了 6 000 多的浏览量，反响很好 3.对荆坨村的瓜菜产品进行包装设计、品牌策划，促进了产品销售 4.“智农宝”为荆坨村建立了宣传专题频道，并通过“O2O”电商模式帮助荆坨村进行产品的销售宣传
5	房山区蒲洼乡富合村科技能力提升	姜翠红	房山区蒲洼乡富合村	农业产业发展规划；农业生产技术指导	1.编制了农业产业发展规划 1 份 2.搭建专家智力援助平台，开展科技培训及服务指导 3 次，培训 40 多人次，通过微信、QQ、电话等多渠道服务指导 50 余人次，提高了富合村农民的专业技能 3.以浏览器/服务器（B/S）架构，实现数据资源的动态管理及综合展示。展示富合村的自然风光、规划编制、特色旅游资源信息、历史底蕴、民俗民宿信息、特色产业、未来愿景及特色农产品销售等内容
6	门头沟区清水镇黄安坨村科技能力提升	于金莹	门头沟区清水镇黄安坨村	北京百安园食用菌种植专业合作社生产技术难题、销售难题	1.建设的 720°全景虚拟展示系统已经在相应的网站、手机上进行展示，有效地展示了黄安坨村的村貌，有利于提升该村在旅游活动中的知名度 2.利用多通道咨询方式开展科技咨询服务 100 人次，开展现场科技培训 50 人次，重点对百安园合作社的技术人员进行培训，培养技术骨干 1 人，促进了物联网技术、多通道咨询服务、U 农果树通、电商销售等产品和服务在基地的示范应用

续表 3-14

序号	项目名称	专家	基地位置	解决的主要问题	内容及成效
					3.在“智农宝”上展示、销售黄安坨村和百安园合作社的12个主要农产品，采用直销、团购、预售等模式，扩宽农产品销售渠道和销售范围。协助建立北京市农林科学院、中国农业大学等配送点，并发展一批固定消费者作为客户，促进了该村农产品的销售，提高了销售收入
7	大城子镇聂家峪股份经济合作社科技能力提升	王富荣	密云区大城子镇聂家峪村	农业生产技术指导；信息化水平提升	1.在3年服务过程中共发放U农等信息化产品20套，推广北京农科热线App 10套以上，并培训用户进行安装使用，学习多通道咨询方式，建立了“远程+现场”的多通道服务合作模式。累计培训200余人次，解决了农户在生产过程中遇到的实际问题 2.开展果树应时应季田间指导，以及农业技术、信息化技术等讲座培训。累计培训200余人次，并为园区培养了技术骨干2人。年累计科技服务时长达到3个月以上，3年累计开展技术指导及培训20次以上 3.针对该村流转的土地，联合规划部门进行规划设计，协助打造养蜂业科普基地，建设“蜂情缘”项目 4.服务覆盖种植300亩，辐射带动周边农户种植500亩。项目实施3年为该村低收入户节本增收12万元，增效30%以上
8	昌平区十三陵镇老君堂村科技能力提升	胡雁翔	昌平区十三陵镇老君堂村	产业发展规划；特色农产品产销对接	1.编制了老君堂村产业发展规划，为本村农业产业结构调整、产业转型升级指明方向，有序推进了本村产业发展

续表 3-14

序号	项目名称	专家	基地位置	解决的主要问题	内容及成效
					2.通过“智农宝”电商平台实现农产品的供需对接，为老君堂村的尜枣设计了1套品牌包装，线上和线下结合实现尜枣、樱桃等老君堂村农产品的网上展示、宣传、销售与推广 3.组织专家开展网络、现场培训，利用热线电话、手机App、QQ、微信、双向视频诊断、网络直播等多种方式，帮助老君堂村解决产业技术问题。累计开展5次科技培训，直接培训人数50人次，覆盖种植面积50亩 4.采用虚拟现实技术，采集15个实景拍摄点，建立了老君堂村720°全景展示系统，利用图文信息、实时交互、动态展现老君堂村的风貌
9	密云区冯家峪镇西白莲峪村科技能力提升	邱琳	密云区冯家峪镇西白莲峪村	产业发展规划；乡村旅游宣传；产销对接	1.多次走访西白莲峪村，了解当地产业类型、现状、特色与问题，开展了西白莲峪村产业规划，撰写了提升建议方案 2.利用高清实景航拍，为密云区西白莲峪村拍摄制作了《长城脚下 白莲清韵》主题村庄宣传片，得到了村领导的一致认可 3.通过“智农宝”电商平台，组织香椿团购，解决了100千克香椿销售难题
10	北京智慧谷民俗旅游专业合作社科技能力提升	邱琳	密云区石城镇黄峪口村	产业发展规划；乡村旅游宣传；生产技术难题。	1.结合黄峪口村的地理位置、资源禀赋和产业基础，契合密云打造中华蜜蜂谷特色产业发展目标，制订了黄峪口村（智慧谷）科普旅游产业提升总体规划

续表 3-14

序号	项目名称	专家	基地位置	解决的主要问题	内容及成效
					2.利用手机 App、微信、QQ 群等多通道信息服务平台，建立“远程+实地”的多通道服务合作模式。推广了京科惠农网络大讲堂线上直播培训，对需求的生产管理技术及时进行了指导，受到合作社的高度认可 3.拍摄了《寻味百村——黄峪口村》主题宣传短视频，发布到抖音、快手等新媒体平台，受到社会公众的欢迎，播放量突破 10 万次，在旅游资源宣传推广方面发挥了显著作用
11	门头沟区雁翅镇淤白村科技能力提升	陈香玉	门头沟区雁翅镇淤白村	乡村旅游规划设计；引进兼具观赏及经济价值的植物	1.结合当地资源禀赋，协助开展农业景观设计，并从观光体验、生态游、民俗游、旅游产品设计等方面建言献策 2.引进兼具经济效益和景观效益的双抗冀谷 39，引进具有观赏价值的芳草品种 2 个 3.邀请专家前往淤白村开展 4 次技术应用培训，累计培训 50 人次，覆盖种植面积 30 亩
12	门头沟区妙峰山镇大沟村科技能力提升	罗长寿	门头沟区妙峰山镇大沟村	信息化水平提升；农业生产及产销对接	1.通过多渠道咨询服务方式，提供便捷的专家咨询指导。发放咨询通、U 农等信息化产品，推广以现代化手段获取信息服务方式，充分发挥了农业科技专家及信息技术优势 2.通过“理论+实操”的指导方式，开展果树相关农业技术培训，应时应季适时指导，多手段解决生产经营技术难题，提升了大沟村果树产业生产水平 3.通过北京农业信息网及“智农宝”电商平台发布农产品销售信息，加大了宣传推广力度，促进了农产品的销售，有效带动了村民增收

第四章

各显风采，北京市农林科学院低收入增收科技帮扶典型

一、第一书记展身手

（一）第一书记张涛、马国庆——党建引领，打造梁家庄村富民兴村产业

2017—2020 年，北京市农林科学院先后派遣院蔬菜所张涛同志（2017—2019 年任职）和水产所马国庆同志（2019—2020 年任职）赴任门头沟区清水镇梁家庄村第一书记，带领当地农民增收致富。

张涛同志驻村工作两年来，一手抓党建一手促脱贫，累计吸引投资4 300余万元，充分整合市农林科学院科技力量和各种社会资源，因地制宜，带领农户脱低致富，把梁家庄这个长期默默无闻的落后小山村发展成为低收入增收帮扶的典型村。市区各级领导多次到梁家庄村调研视察（图 4-1）。张涛同志凭借出色的帮扶工作成绩被北京市农学会推荐为第四届“全国杰出农村实用人才”北京地区唯一参评人选。

马国庆同志自接任以来，积极开展党建、改善基础设施、改善人居环境、发展特色产业等工作，也获得了喜人的成绩。截至 2019 年，全村建档的低收入户在各级帮扶力量的支持下实现年人均可支配收入达到20 595.21元，提前完成脱低任务。梁家庄村由昔日的穷山村变成了“网红村”，2020 年 9 月被农业农村部评为中国美丽休闲乡村（图 4-2）。

▲ 图 4-1 张涛同志（前排右一）陪同北京市农林科学院领导调研

▲ 图 4-2 马国庆同志（右一）在顺义柳庄接受“中国美丽休闲乡村”授牌仪式

1. 抓党建聚民心，扎实推进助农增收举措

加强理论学习。两位第一书记在任职期间定期组织村两委班子及党员群众学习十九大精神及习近平总书记系列重要讲话，强化党支部的堡垒和领导作用。党支部高度重视加强政治理论学习，切实增强“四个意识”、坚定“四个自信”、做到“两个维护”，充分发挥党员固定学习日、党支部主题党日等载体作用，使党员党性观念得到提升。

加强党员管理。结合本村实际，依托党员联系户制度，主动上门说政策、做动员，促进党员在疫情防控、村庄管理中发挥模范带头作用。例如，2020 年梁家庄村整合村级文明实践站，党员带头参与“门头沟热心人”志愿服务，组织群众开展防疫值勤、垃圾分类、文明行为、党风廉政建设等活动，推进村级网格化服务，打造红色阵地。

加强党建结对工作。以“六个一批”帮扶政策为牵引，加强与帮扶单位的党建结对工作，形成“党建＋产业＋美丽乡村建设”的开放式结对帮扶体系。利用帮扶资金修建了 400 平方米的党群活动中心，同时多次开展助老、助学、助残、慰问群众等公益性活动。

2. 深入调研集体经济，确立致富产业项目

高山芦笋初见效益。确立产业是实现发展的关键环节，自驻村以来，第一书记与派出单位主要领导和农林专家多次到村座谈、走访入户，经过多次调研与协调，确立了“芦笋种植园”产业项目。2018 年，在市区各级领导的大力支持以及北京市农林科学院的技术支撑下，镇村利用新开发的 90 亩土地，投入 334 万元低收入增收帮扶资金实施芦笋种植项目，采取“村企合作”模式打造高端精品蔬菜种植基地，力争将“梁家庄村芦笋绿色种植基地”建设成为北京地区极具特色的，集优新品种、高效绿色种植技术、创新型组织管理模式为一体的高端芦笋出品地。项目施工期就地雇用梁家庄及周边村民 60 余人参与建设，带动低收入农户就业增收。基地建成后第二年进入初产期，第三年进入丰产期，苗木可连续采收 15 年。为保证芦笋销售，北京坤宝兴佳园林绿化管理有限公司与梁家庄村签订了收购协议，确定保护价（8 元/千克），避免因市场价格波动带来的损失，

确保村集体与农户有所收益。2020 年，通过“线上线下＋区内区外”等多种方式，销售芦笋 2.5 万余千克，村集体收入达到 30 余万元，预计年底可实现集体分红零的突破。项目前期连续带动村民就业 73 户、80 人，实现增收 29 万元，其中低收入户 41 户、46 人，增收 16 万元。

精品林果初具规模。梁家庄村自 2017 年开始实施国家级农业综合开发项目，种植奇异莓 60 亩，现与北京清水云峰果业有限公司合作，每年实现土地增收 3.6 万元，长期稳定务工增收 3 万元，同时带动村民临时就业。预计 2021 年开始挂果，丰产期亩产量可达 1 000 千克，市场零售价 40 元/千克，将进一步助力村集体经济壮大，促进村民持续增收。

3. 积极引入社会资本，发展帮扶产业由单一到多元

张涛同志积极对接北京科技园建设（集团）股份有限公司（简称北科建集团）与门头沟区住房和城乡建设委员会（住建委）联合打造“旅游＋农业”融合发展的新模式，将梁家庄村的闲置农宅包装成精品民宿。目前，门头沟区住建委已牵头筹集资金 140 万元，启动 2 户示范样板院落的改造工程；协助北科建集团制定村庄发展规划方案，计划投资 3 500 万元打造 46 户高端民宿；协调社会企业以保护价收购当地农产品，收购价款达 35 万元，直接带动 45 户低收入农户人均增收 4 750 元。马国庆同志任职期间也牢抓北京市实施“六个一批”帮扶契机，认真落实门头沟区“六个一批”结对帮扶机制，与北科建集团积极对接，建设“创艺乡居”高端民宿，实现村集体占股达 51%，农户每年租金收入共 14.3 万元。同时，带动低收入农户 3 人当管家，吸纳一名大学生回乡创业，在旅游旺季带动部分村民临时就业。农户的收入增加了，笑容也增多了。

（二）第一书记蔡万涛、马茂亭——农旅融合，促进西白莲峪村增收致富

2017—2020 年，北京市农林科学院先后派遣院玉米所蔡万涛同志（2017—2019 年任职）和营资所马茂亭同志（2019—2020 年任职）赴任密云区冯家峪镇西白莲峪村第一书记，带领当地农民增收致富。

蔡万涛同志主要从事玉米高产栽培与示范推广工作，2016 年 11 月响应市委组织部的号召，赴密云区冯家峪镇西白莲峪村担任村党组织第一书记。马茂亭同志主要从事农业面源污染防控技术研究工作，2019 年 4 月赴北京市密云区西白莲峪村担任第一书记。两位第一书记任职期间，牢记职责使命，重引导、抓党建，促团结、固根基，集成科技成果、因地制宜创新应用，出新招、见实效，坚持做好科技引领脱低发展的排头兵，带领当地农民实现增收致富。2019 年底，村民的人均可支配收入达到 25 068 元，实现低收入农户全部脱低，低收入村脱帽。2020 年上半年，全村的经济收入达到 1 090 万元，人均可支配收入达到 13 975 元。

1. 科学调查研究，深度剖析致贫原因

驻村工作伊始，蔡万涛同志便制定了科学的走访调研方案，深入实际、深入基层、深入群众，多层次、多方位、多渠道地调查了解情况，听镇长与村书记讲、鼓励村党员分析、让老百姓多说、查看密云县志，重点从人力资源、自然环境、产业结构、社会资源、基础设施、发展政策等方面广泛搜集材料，进行数据整理与分析研究，总结出西白莲峪村六大致贫原因：常住人口老龄化比例过大；党员示范带动能力严重不足；全村 202 座宅院属于危房，80%的危房建于 20 世纪 60 年代，年久失修多处坍塌，安居问题得不到妥善解决；无支柱型产业，经济发展无抓手；已发展的 24 个民宿户整体处于起步阶段，缺乏民俗文化的深挖整理与形象打造，缺少衍生产品与品牌；发展生态旅游仅停留在初步设想层面，缺少科学规划引领。

蔡万涛同志坚持问题导向，提出了解决脱贫问题的发展思路，撰写了《冯家峪镇西白莲峪村精准脱低建设方案》，为 114 个低收入户建立了收入明细档案，分户精准施策：一是针对有劳动能力且有意愿发展民俗户的低收入农户，争取相关支持推动发展；二是针对无条件发展民俗户，但有劳动能力的低收入农户，通过工程建设、生态管护、产业发展等解决劳动就业；三是针对低保户和伤残人员，通过民政残联救助和扶贫助残基地吸纳劳动力就业等增加收入；四是针对无劳动能力且儿女不在身边的低收入农

户，通过老年照料中心解决吃住问题。

2. 因地制宜，打造生态休闲旅游村

西白莲峪村围绕“长城脚下白马古道特色生态休闲旅游村”的发展目标，一系列重磅措施陆续落地，村民的生活发生了翻天覆地的变化。

制定《西白莲峪“美丽莲花”建设与发展总体规划》。2017 年，中国农业科学院作物所孙好勤书记牵头组建了规划团队，历经 3 个多月，编制了《西白莲峪“美丽莲花”建设与发展总体规划》（图 4-3）。规划中确立了西白莲峪村“美丽乡村、生态农业、休闲观光、民俗文化”的发展定位，完成了“一心、两带、四区”的功能分区，提出了“长城脚下白马古道特色生态休闲旅游村”的建设目标。此外，北京市农林科学院为西白莲峪村编制了《西白莲峪村旅游控制性详细规划》。西白莲峪村做到了以高质量规划引领高质量发展。

▲ 图 4-3　“美丽莲花”建设与发展总体规划发布仪式

创新打造“金瓜谷”产业。“金瓜谷”被列入冯家峪镇“十三五”发展规划，成为“1+4”重点支持的特色产业。如何从纸面走向现实，这是一个不小的挑战。两位第一书记坚信：唯有坚持科技引领才能成功突破。2017—2019 年，引进 66 个国内外南瓜品种，筛选出适宜当地种植的商品南瓜品种 10 个、观赏南瓜品种 25 个；引进了 10 个菊花品种、43 个月季

花品种、10个兼观赏中草药品种，打造出一条五彩廊道，吸引大量游客游玩；集成“防虫网棚＋防虫黄板＋生物制剂”南瓜安全生产技术，雇用42位低收入户，开展技术培训200余人次；设计logo与包装，通过游客采摘、直通商超方式销售，打造味皇南瓜品牌，年销售额达到30余万元。2019—2020年，引进贝贝和味皇两种高端南瓜种苗4万株，引进秋葵、紫甘蓝等特色及景观蔬菜新品种40余种，引进高产玉米品种3种，引进月季、波斯菊及赏食兼用型百合等花卉品种40余种。把引进的品种种植在产业园区和道路两旁，可吸收30余名低收入户在产业园参与种植生产，低收入户人均每年增加经济收入5 000元左右。建立了一支生产管理团队，为村集体增加经济收入近100万元，在保证农业生产的同时，收获了较好的景观效果。现在，“金瓜谷”已成为“白马古道特色生态休闲旅游”必到的打卡点，北京电视台对此进行了多次报道。

打造精品民宿。西白莲峪村之前有民宿户24户，但条件落后、基础薄弱。引导民俗户提高认识和示范经营提档升级，需要有新举措。通过蔡万涛同志与短期租赁网站Airbnb（爱彼迎）的积极对接，Airbnb按照1.5万元/（户·间）的标准对民宿进行免费装修并放到网站上运营。2020年4月，密云区农业农村局下发了《密云区农业农村局关于利用低收入产业资金实施精品民宿项目促进低收入户增收工作工作方案》，要求利用低收入产业帮扶资金实施精品民宿项目，壮大低收入村集体经济，促进低收入户增收。马茂亭同志带领村两委班子，通过调研走访座谈工作，详细讲解政府政策，促成西白莲峪村18户农户签订开展精品民宿提升改造协议书，每户投资50万元，总投资达900万元。精品民宿建成后，村集体和农户每年都可以得到经营分红。今后，西白莲峪村将小康的道路走得更远。

拓宽农产品宣传销售渠道。为提升西白莲峪村农产品的知名度，马茂亭同志积极联系北京广播电视台、密云电视台、“智农宝”农产品电子商务平台、北京农业和密云360等媒体平台，加大宣传力度，让更多消费者知晓、了解西白莲峪村生产的农产品。同时，参加第四届京津冀品牌农产品产销对接活动、京承农业扶贫战略合作会议、中央军委机关农产品展销活动和北京市农林科学院农产品展销等，带着贝贝/味皇南瓜的煨熟样品，让消费者亲口品尝和感受贝贝/味皇南瓜的“与众不同”。此外，申请注册了“西白莲峪”商标和条形码，打通了商超对接最后一道“关卡”。

3. 对接社会优势资源，助力西白莲峪村持续增收

在两位第一书记的共同努力下，西白莲峪村以更加开放的姿态，迎接社会各界开展合作。西白莲峪村与北京市农林科学院、北京控股集团有限公司签订了结对共建协议，与中国农业科学院、北京歌华传媒集团有限责任公司、中国农业大学、北京体育大学、世纪坛艺术馆等成功对接（图 4-4、图 4-5）。在意大利驻华使馆的支持下，西白莲峪村成为“慢村”成员单位（图 4-6）。天坛书画协会 30 多位书画家为村捐赠书画作品 120 余幅。北京智农天地网络技术有限公司为村开发了“北京西白莲峪村民宿预订平台及民宿管理平台”。北京龙耘种业有限公司与 18 个低收入户签订了制种协议，25 亩土地转为制种田。密云区种植业服务中心为村提供黑木耳菌棒 16 万个，带动 30 名农民劳动就业。在密云区农民专业合作社服务中心的支持下，完成修建旅游接待中心与农产品展销中心。社会力量的加入，为西白莲峪村的持续增收提供了重要保障。

▲ 图 4-4　北京市农林科学院与西白莲峪村结对共建

▲ 图 4-5　对接中国农业大学专家团队

▲ 图 4-6　西白莲峪村成为“慢村”成员单位

（三）清水镇李家庄村第一书记吴春林——抓党建、兴产业，助农增收

吴春林来自北京市农林科学院林业果树研究所科技成果转化推广中心。自 2019 年 4 月任职门头沟区清水镇李家庄村第一书记以来，在市、区、镇政府的正确领导和村两委的支持帮助下，以及所在单位领导的重视和关心下，吴春林坚持开拓创新，围绕基层党组织建设和脱贫致富的职责，吃住在村，在尽快转变角色的同时，脚踏实地，迅速投入到李家村的各项工作中，通过抓党建、兴产业等措施，实现了帮助清水镇李家庄村增收的目标。

1. 抓基层党组织建设，起先锋模范作用

抓好农村基层党组织建设是做好农村各项工作的关键，应充分发挥农村党组织的思想核心、组织核心、决策核心和行动核心作用。吴春林通过给村中党员讲课，增强党组织成员的凝聚力，提升自身的亲和力。首先，严格做到政治当先、“绿”字当先、“公”字当先、奉献当先，牢记“纪”字当头，为群众办好事、办实事。2020 年村党支部转正党员一名，培养入党积极分子两名。其次，严格落实“三会一课”制度，加强相关政策和规章制度的学习，不断提高自己的党性意识、责任意识、宗旨意识，坚持共产党员的真实本色。

坚守岗位，当好村民的“贴心人”和“主心骨”。新冠肺炎疫情期间，吴春林身为驻村第一书记，站在疫情防控最前线，每天坚持走访入户，定期入户发放防疫物品；同时，做好疫情防治基本知识的宣传和普及以及群众的思想工作，确保疫情防控知识宣传第一时间实现全村覆盖。疫情期间坚持做好排查、登记村内人员的出入情况和外来人员的劝返工作，巩固基层战“疫”防线。保证民生也是特殊时期的重要使命之一，吴春林积极配合村两委定期为全体村民购买生活用品，亲自送到隔离人员和困难户家中（图 4-7）。

▲ 图 4-7　2020 年新冠肺炎疫情期间吴春林为村民购买生活用品

2. 利用科技优势，助力乡村产业兴旺

产业发展需要高科技，在产业扶贫中，无论是传统产业的提档升级，还是新业态的发展壮大，都离不开科技支撑。乡村振兴是脱贫摘帽之后又一项艰巨任务，应该利用科技创新的力量，改变农民面朝黄土背朝天的传统耕作方式，不断提升产业发展中的科技含量，进而推动乡村产业振兴。

科技促进支柱产业发展。李家村现有奇异莓（软枣猕猴桃）种植和高山芦笋种植两大支柱产业：奇异莓种植 200 亩，采用的是“公司＋农户”的管理模式，每户每年收入 3 万～4 万元；高山芦笋种植 50 亩，采用的是村集体经济合作社管理方式，品种、技术由北京市农林科学院提供，采用滴灌的精细管理栽培措施，带动该村 40 多人就业，每人每年增加收入 6 000余元（图 4-8）。高山芦笋种植在海拔 680 米山坡缓地，产品是有机食品，种植第二年亩产可达500千克，商品单价为7.5元/千克，是有效带动农民增收的重要产业之一。

▲ 图 4-8 李家庄村高山芦笋分级包装

科技提高农户庭院种植经济收入。庭院种植已有数千年的历史，是一种古老的经济模式，人们历来就有利用庭院种植果树、花卉、蔬菜的习惯。随着生活水平的逐步提高，人们美化住宅的愿望日益迫切，农村庭院正由传统种植向新型栽培模式过渡。庭院种植奇异莓是一种新型产业，村民庭院面积较大，开展庭院经济的空间和潜力很可观。吴春林利用第一书记经费和院“双百对接”项目经费30万元，为72户村民建造棚架（材料用防腐木)，既美化了环境，优化了生态，又陶冶了情操，增加了收入。庭院是家庭成员活动的场所，是村民休憩的趣园，树冠千姿百态，枝叶繁茂，花色鲜艳，果香诱人，使人倍感心旷神怡。村民在茶余饭后或其他空闲时间进行整形修葺、防病治虫、施肥浇水，既丰富了业余生活，平添了不少生活情趣，又从中获得了美的享受。更可喜的是，奇异莓还可带来一定的经济收入，每年每户可增加收入 6 000 元。

科技提升村庄绿化水平。生态宜居是村庄发展的保证，其内容涵盖村容整洁、绿化效果明显、基础设施完善等。因此，要保存村庄风貌、保护村庄生态系统、治理村庄环境污染，实现人与自然的和谐共生，让人居环境绿起来、美起来。吴春林利用北京市农林科学院院科技优势，为村庄引种绿化观赏园林植物，以新、奇、特为标准，以乔、灌、草相结合的立体绿化为原则，先后引种美国白蜡、紫叶稠李、麻核桃等乔木，贴梗海棠、果海棠、榆叶梅等灌木，月季等花卉，以及扶芳藤、观赏草等，共计 30 000 余株。这些举措既满足绿化、实用功能，又符合艺术规律要求，能给村民带来美的享受。

3. 加强人才队伍建设，促进园林事业快速发展

人才振兴是乡村振兴的基础，园林技术人才是乡村园林绿化业发挥作用的支撑。园林绿化业是专业技术要求比较高的行业，需要大量人才。应抓好人才队伍建设，稳定人才队伍，调动人才的积极性、创造性，充分发挥人才在村庄绿化中的核心作用。2019 年，吴春林开始采用多种方法，营造出有利于人才发挥才干的良好环境，讲解与示范并重，理论联系实际，面对面讲，手把手教，为村培养了实践能力强且有一技之长的实用型人才 10 人，使村庄绿化效果得到了显著提升。

二、科技小院大担当

（一）白虎头科技小院

白虎头村位于门头沟区斋堂镇，地处京西偏远山区。煤矿关停后，村民一直以山上的野枣树为主要收入来源，由于技术落后，收入没有起色。2016 年，白虎头村被列为重点帮扶的低收入村，北京市农林科学院与白虎头村建立对接帮扶关系。为了培育村庄的持续“造血”能力，在北京市委统一战线工作部（简称市委统战部）的领导下，立足当地农旅

融合发展定位和科技需求，北京市农林科学院和白虎头村共同出资建立了白虎头村科技小院。林果所潘青华研究员带领8位技术专家成立驻院专家团队，在村里建立试验示范责任田，到村里讲知识、送技术，与村民“同吃、同住、同劳动”，针对性地开展帮扶工作。整个科技小院分为咨询区、会议区、办公区、生活区、室外展示区五大部分，提供了甜度分析仪、称重器等简单的仪器，以及一些农业生产科普读物。村民带着问题来到科技小院“寻医问诊”，专家第一时间做出解答，还会定期举办“白虎头社会大讲堂”。在白虎头村脱低的过程中，科技小院发挥了重要的作用。

1. 科学开展村落发展规划编制

北京市农林科学院组织专家团队进行系统调查，科学编制了《门头沟区斋堂镇白虎头村全产业链农旅融合发展规划与设计》《白虎头村乡村振兴产业发展规划》《门头沟区斋堂镇白虎头村农业产业发展规划》等，提出了盘活白虎头村闲置农宅资源、林果及林下资源、生态资源和乡村红色文化资源，打造具备生态观光、康体休闲、文化体验等复合功能的“京郊最美乡村”的发展思路。

2. 多措并举助推当地产业发展

引进马牙枣、京枣31、京枣39、京枣60、红螺脆和嘎嘣脆等88个优良鲜食枣品种，改接低产劣质枣树200亩左右，在白虎头村初步建立了“百枣园”，全面促进了当地枣产业的提质增效，实现直接销售收入80多万元。重点示范种植京科糯2000、京科甜608、京科玉368、京紫糯219等北京市农林科学院具有自主知识产权的优良品种，累计示范面积100亩，为村里实现增收近40万元，使甜糯玉米成为白虎头村林下产业的支柱。指导村里开展枣树林下食用菌种植示范，示范榆黄菇、玉木耳、毛木耳、灰树花、灵芝、平菇等林下食用菌品种，示范面积300平方米，实现食用菌产量2 500余千克，增收10万元，成为白虎头村培育观光休闲农业的新增长点。

3. 组织策划“白虎头社会大讲堂”活动

结合白虎头村的乡村旅游发展定位，与北京北辰实业集团公司、北京同道众仁科技有限公司一道，共同策划实施了“白虎头社会大讲堂”活动，已成功举办 5 期。邀请了北京市农林科学院枣树专家潘青华研究员、食用菌专家刘宇研究员、玉米专家史亚兴、观赏草专家范希峰副研究员为村民讲知识、送技术，向白虎头村民及全镇全科农技员开展农业技术、民宿经营、旅游休闲、民俗文化、人文地理、产品营销、饮食烹饪等多方面培训，丰富白虎头乡村旅游内容和内涵（图 4-9）。

▲ **图 4-9　潘青华研究员（右一）开展枣树培训**

4. 打造村落优美生态景观环境

引进百合、菊花、观赏草、芍药、观赏甘蓝等观赏植物品种，打造优美村落生态景观 15 亩左右，初步将白虎头村内部打造成三季有花、四季有景的具有艺术意境的乡野世界。图 4-10 是白虎头科技小院外观。

▲ 图 4-10 白虎头科技小院外观

5. 引入社会资源发展乡村旅游

积极推荐和引入朗诗集团股份有限公司、北京同道众仁科技有限公司等社会资源进驻白虎头村发展民宿旅游。目前两家公司已在村内投资改造民宿近 10 套，投资近 1 500 万元，极大地推动了当地乡村旅游发展。

如今，白虎头村不仅完成了自我蜕变，还成了远近闻名的脱低致富先进村。白虎头村 2019 年底提前实现了全员“脱低摘帽”，人均可支配收入达到 4 万元以上。白虎头村两委于 2020 年 1 月 19 日向北京农林科学院赠送了“农林科技结硕果　农村扶贫果尤甜”的锦旗。依托科技小院专家技术团队的科技力量，白虎头村未来将持续在新技术、新品种上引领示范，带动林果、林下食用菌、旅游等产业全面发展。

（二）六村科技小院

青云店六村科技小院位于大兴区青云店镇南侧，全村共有 220 户、541 人，其中低收入人口 201 人。村内土地很少，集体经济极度薄弱单一。北京市农林科学院土肥专家左强组建 11 人的专家团队入驻六村科技小院，指导农户开展农业生产。充分发挥科技支撑力量，将扶贫与扶智、科技与产业相互结合，指导农户大力发展林下经济，开发特色农产品，发展观光休闲农业，推动一二三产业融合发展，进一步提高了农民收入，加快实现全村脱低目标。

1. 组建专家团队，助力林下经济发展

立足当地林下经济发展，由营资所牵头组织，整合院内相关专业资源优势，组建包括蔬菜、林果、土肥、植保、畜牧、生物技术、信息技术等多方面的专家服务团队，以林下经济发展为抓手，共同开展技术帮扶工作，并建立包括所、村、基地三方人员在内的信息交流平台，定期下点，直接服务于产业。引入适合村内种植的食用菌、甘薯、洋葱、大葱等优良品种，全程提供栽培方式、施肥、病虫草害防治等方面的技术指导，并有效利用沼液资源，保障林下各类作物的产量与品质均达到最佳（图 4-11）。引进配套的生产技术 8 项，覆盖面积达 402 亩，实现了作物增产 50%，商品率提高到 95%。形成“六村模式”，打造大兴区林下经济发展样板。

▲ 图 4-11 专家送苗下乡

2. 通过技术指导，提升农作物品质

开展林地土壤有机质提升工程，针对平原造林地土壤瘠薄、林下作物生长缓慢等问题，采用网格化取样方法，测试多个土壤监测指标，制作养分状况分布图，合理规划种植区域。在充分利用废弃食用菌菌棒的同时，重点对种植面积最大的林下甘薯、大葱等提出有机化施肥解决方案，并开展全程施肥指导，保障林木及林下作物长势良好（图 4-12）。

▲ 图 4-12　专家在田间进行技术指导

3. 开展共建活动，加强精神文明建设

推动植物营养与资源研究所党支部与六村党支部建立“一对一”联络，定期组织党员赴村开展支部共建活动，指导和提升六村党支部的凝聚力和执行能力，形成两个党支部之间水乳交融的亲密关系（图 4-13）。在为当地带来科技指导的同时，实现物质文明和精神文明双丰收。

▲ **图 4-13　北京市农林科学院与六村支部开展党支部共建活动**

在科技小院助力下，通过全面的技术帮扶工作，六村林下种养殖生产得以健康发展，甘薯、大葱、平菇、鸡蛋等精品农副产品供不应求，低收入村民在获取劳务报酬的同时，还能获得生产分红。2019 年六村集体经济新增收入 120 万元，实现了全面“脱低摘帽”。

（三）菜食河科技小院

菜食河科技小院位于延庆区四海镇，当地平均海拔为 700 米，昼夜温差大，年降水量为 550～700 毫米，光照充足，非常适合发展功能花卉产业。四海镇是北京市唯一一个以花卉产业作为主导产业的乡镇，经过十多年的发展，已经形成以茶菊、玫瑰和色素万寿菊为主的功能花卉产业。北京市农林科学院依托延庆区四海镇人民政府、北京四海种植专业合作社和四海镇前山村，整合北京市农林科学院花卉产业相关的科技、人才、成果等资源优势，建立了菜食河科技小院（图 4-14）。以菜食河科技小院为纽带，通过研发与示范推广一批适宜当地花卉产业发展的新品种、新技术、新装备，构建了花卉产业产前、产中、产后安全生产技术体系；通过开展技术服务，打造专家工作团队，为全面促进当地花卉产业快速健康发展，为农民增收和乡村振兴做出了重要贡献。延庆四海镇菜食河村科技小院以茶菊种植为主线，带动6个村、200多户农民种植并受益，打造的“四海高山胎菊”已经成为四海地区的一张名片。

▲ 图4-14 延庆菜食河科技小院外景

1. 创新运行模式

菜食河科技小院暨功能花卉专家工作站挂靠在位于四海镇菜食河村的北京四海种植专业合作社和四海镇前山村。北京市农林科学院黄丛林研究员任菜食河科技小院暨功能花卉专家工作站站长，北京四海种植专业合作社总经理任志怀和前山村党支部书记兼村主任王永怀任副站长。

北京市农林科学院负责提供新品种、新技术、技术指导、技术培训，脱毒苗或组培复壮苗 F_1 和 F_2 生产。北京四海种植专业合作社负责提供专家工作站和科技小院建设所需的房屋、生活和办公设施及其运营，茶菊 F_3 种苗即商品种苗生产，以及茶菊的加工和销售。四海镇前山村村委会牵头负责茶菊的种植。

以前山村为核心示范区，在菜食河、前山、王顺沟、黑汉岭、南湾和楼梁 6 个村进行茶菊等功能花卉的示范推广，进一步辐射京津冀地区乃至全国。

目前，已经建立政、产、学、研用相结合，一二三产业融合的产业化模式。逐步探索“科研单位＋政府＋合作社＋低收入村”的专家工作站运行模式，以及“专家工作站＋科技小院”的科技推广模式。

2. 引进新品种、新技术

推广新品种 25 个，包括茶菊品种 6 个，食用菊花品种 5 个，色素万寿菊品种 1 个，食用精油兼用玫瑰品种 2 个，雪菊 1 个，油用芍药 1 个，食用百合 5 个，观赏绿化小菊 4 个。

推广新技术 9 项，包括“脱毒苗或组培复壮苗（原原种苗 F_1）-原种苗（F_2）-商品苗（F_3）”种苗良种良繁技术，食用菊花、色素万寿菊和雪菊的节水性机械化种苗定植灌溉一体化技术，高原覆膜提温节水性机械化种苗定植灌溉一体化技术，食用菊花、色素万寿菊、雪菊和玫瑰的雨养旱作养护技术，茶菊、雪菊和玫瑰的低温高品质烘干技术，食用百合的低成本高效种球繁育技术，种球机械化定植和采收技术等（节选图片见图 4-15）。四海镇严重缺水，在茶菊生产用地推广的“一年茶菊＋一年玉米”“一年茶菊＋一年小米”“一年茶菊＋一年高粱”3 种轮作方式，减轻了土壤连作障碍。

▲ 图 4-15 专家在四海茶菊田间培训全科农技员

3. 研发、推广新产品

研发推广“四季花海胎菊（图 4-16）”“四海高山胎菊”“郦邑贡菊”“沂岸金丝”等菊花茶和“四季花语”玫瑰茶等花茶，“西柏店”菊花宴、“西柏店”菊花饺子、“喜顺记”玫瑰酱、“喜顺记”玫瑰饼等花卉菜肴和食品，“寿祖”菊花酒，“有机地球”菊花肥皂、“欧芳”玫瑰精油等花卉日化护肤品，“石练”菊花枕头、“石练”菊花香袋等花卉家纺产品，“翰芳”菊花线香、“翰芳”菊花盘香等香品，以及“祖善堂”叶黄素维生素 A 软胶囊等保健品。

菜食河科技小院围绕功能花卉全产业链，建立了由花卉专家、栽培专家、植保专家、加工专家、文化创意专家、养殖专家和当地全科农技人员组成的示范推广队伍；建立了由“研发中心-种子种苗种球繁育中心和加工中试基地-产业化基地”构成的完善的产业化示范推广基地体系；建立了政、产、学、研、用相结合，一二三产业高度融合的示范推广模式。在北京、河南等 19 个省市区建有花卉产业化示范基地 20 多个，年试验示范推广面积 10 万亩以上；年培训各类人员 2 000 人次以上；打造了“四季花海胎菊”“四海高山胎菊”“郦邑贡菊”“平谷西柏店食用菊花文化节”等著名产品和景观品牌；打造了国内第一家菊花专类上市公司——南阳市天隆茶业科技有限公司。菜食河科技小院在脱贫攻坚、乡村振兴和林下经济发展中发挥了积极作用。

▲ 图 4-16 “四季花海胎菊”茶汤

三、双百对接促提升

（一）鲜食玉米科技创新帮扶显威力——房山区琉璃河镇鲜食玉米生产基地

在北京市农林科学院玉米研究所主任赵久然团队的科技帮扶下，一大批帮扶对象已经走过科技的认知、感兴趣、试验、评价、试用阶段，进入采用阶段，甚至成为一位推广者，带领周边农民受益。房山区琉璃河镇常舍村鲜食玉米种植大户韩凤岭就是其中之一。

京科糯 2000 让韩凤岭收获了人生“第一桶金”。韩凤岭回忆道：“九几年那会儿，靠跑运输养家，后来回家种玉米，一开始老是赔钱，经打听知道玉米所有好品种，我就找到了赵久然老师，他给我拿了几亩京科糯 2000种子试种。京科糯 2000 每亩能产鲜穗 1 250 千克，比我以前种的其他品种多了 500 千克。我流转出 2 000 多亩地全都种上了京科糯 2000，纯收入 100 多万元，收获了我人生‘第一桶金’。后来，在玉米所的帮助下，我牵头成立了种植合作社，发展了 300 多户，种植规模有 1 万亩，高峰时雇用当地村民 1 000 多人次。现在，产品在中粮我买网、淘宝网、北京新发地等平台热销。每亩最高能卖到 12 600 元，扣除土地、人工、肥料等各项成本，亩均纯收益超过 6 000 元。”

种植新品种，引领高端市场消费。如今的韩凤岭已经成为鲜食玉米种植社长，作为当代新型农民，他对“科技创新”有着更加强烈的需求。他主动与玉米所保持密切联系，希望能在第一时间种上赵久然团队创新培育的鲜食玉米新品种。十多年间，他种过的鲜食玉米品种有京科糯 2000、京科糯 928、农科玉 368、京科甜 608、农科糯 336 等，一直走在了北京鲜食玉米高端市场的前端，对他而言，“拿到新品种就意味着丰厚的收益”。

海东源生态农场正在走向成熟。韩凤岭的成功不是个例，在玉米所的科技帮扶下，更多生产基地走向成熟。窦店镇下坡店村海东源生态农场有耕地 110 亩，2015 年种植鲜食玉米因品种不好和技术落后而经营亏损。2017 年，对接玉米所后，种植农科糯 336、农科玉 368 等优新品种，专家到基地手把手指导，亩效益超过了 5 500 元；2019 年，坚持科学种植、主动拓展销路，平均亩效益达到 7 500 元；2020 年，虽受新冠肺炎疫情影响，但通过电商销售和地头打包发货，销售旺季每天销售几百件，获得了丰厚收益。

走向成熟的科技示范基地具有完全的自发主动性，具备极强的科技意识，因为它们就在农民身边，农民看得到摸得着，才能带动农民增收致富。正如赵久然主任对团队科技帮扶工作的要求：前期立足自身优势送种子、送技术，建设好科技示范基地，发挥示范带头作用，促进传统产业改造升级，培育出新的增长点，形成新的生产力（图 4-17）。

▲ **图 4-17　赵久然团队在房山区琉璃河镇鲜食玉米生产基地开展座谈会**

（二）信息化、电商助力，创新全产业链帮扶新模式——延庆区大庄科乡董家沟村科技能力提升

董家沟村隶属于延庆区大庄科乡。项目组通过多次调研，发现董家沟村的发展存在以下问题：该村多年沿用传统的生产经营方式，缺乏整体的产业发展布局，产业发展方向不明晰；牡丹为传统种植植物，随着规模逐渐扩大，缺乏对牡丹观光的宣传和牡丹产品的后续开发，因而没有产生很好的经济效益；板栗和山楂种植有一定的规模，但在市场销售方面，仍采用传统的零售散销的方式，缺乏对产品的加工和现代营销手段，因而林果业收益不高（图 4-18）。

▲ 图 4-18 项目组与董家沟村村委领导进行产业升级座谈、指导

针对上述产业发展问题，结合该村的房屋改造、美丽乡村建设、历史文化等，项目组用了两年的时间做出了该村的产业布局及发展路径规划。规划围绕的核心发展思路是：以发展生态经济为主线，以富民兴村为目标，以 2019 北京世界园艺博览会为机遇，以新村改造为契机，围绕发展村庄民俗旅游产业，优化资源配置，大力发展与民俗旅游业相关的牡丹产业、餐饮住宿服务业以及红色教育体验，突出文化底蕴，拉长产业链，通过“牡丹/芍药”主题旅游开发，带动关联的民宿、红色教育、林果、杂粮等产业发展，打造成一个“特色民俗村”，吸引游客走进来并住下来。

产中环节，引进北京市农林科学院生物所研发的油用芍药，逐步实现油用芍药和牡丹的品种搭配更新与产业链的延伸。通过芍药、牡丹快速形成的花海效应，带动观光旅游，进而带动当地有机、特色农产品（山楂、核桃、板栗、杂粮等）的销售；通过发展油用芍药，建立以花为核心的短期效益（养蜂业、观光旅游业，1～2 年见效）、以根为核心的中期效益

(中药材赤芍、白芍、丹皮，3～5 年见效)、以种子为核心的长期收益（优良种苗生产、高端食用芍药籽油与牡丹籽油以及榨油后的饲用饼渣生产，5～20 年的长期收益)，实现将短-中期收益与长时期的稳定、可持续收益相结合。在信息化服务方面，为董家沟村安装了双向视频诊断系统，并提供咨询通产品 5 套，帮助及时解决董家沟村的生产技术问题；开发了董家沟村农产品质量安全追溯系统，帮助提升了村内产品质量的可信度，目前牡丹香水沐浴皂产品已经开始应用该系统。

产后重点做了 5 方面内容：①“智农宝”电商平台与镇里和村里共同探索出“农户＋合作社＋加工企业”销售模式并实施，3 年间帮助董家沟村销售山楂约 100 吨；对董家沟的蜂产品进行包装设计、品牌策划；对董家沟村的小米、板栗、核桃等进行线上线下展示、宣传与销售。②通过预售、团购、社区促销等形式帮助董家沟村销售板栗约 1 500 千克、核桃约 500 千克。③通过“智农宝”电商平台和中关村智慧旅游创新协会帮助董家沟村发展休闲养老产业并进行预热宣传。④开设董家沟村对外的宣传专题频道，加大对董家沟村文化、历史、乡村旅游以及特色农产品等方面的推介力度。⑤建立全景虚拟漫游展示系统，实现董家沟村的动态效果展示，增强了观众的体验感，观众不用到现场就能以虚拟的形式自由穿梭于基地之间。

项目组为延庆区大庄科乡董家沟村构建了“产前规划＋技术指导＋信息化服务＋电商服务”的集成服务新模式。通过多通道、便捷的专家服务方式，开展“远程＋面授”技术指导及培训，安装了双向视频咨询诊断系统，提供“咨询通”产品，开发了农产品质量追溯系统，实现了农业技术和信息技术的结合，有效提升了低收入村产品质量及农业信息化的应用水平。项目借助“智农宝”电子商务平台引入合作社和加工企业，通过多种渠道帮助董家沟村解决销售问题，累计销售额达 30 万元以上，取得了较好的经济效益。

（三）轻简化栽培技术配套良种，谷子产业换发新活力——门头沟区清水镇黄安坨村科技能力提升

黄安坨村位于京西深山区，全村有耕地 430 亩，谷子是当地种植的主要杂粮。谷子是京津冀地区的主要杂粮，且抗旱节水，营养价值高，经济效益好。在黄安坨村发展该产业有利于促进农民增收，但这里采用的传统种植方式花费人工多，导致劳动力成本高。针对上述问题，项目组决定推广谷子轻简化栽培技术与配套品种来帮助低收入户脱低致富。项目负责人张立全通过和黄安坨村书记、村主任、企业负责人交流座谈，共同探讨了黄安坨村发展谷子产业的问题，希望通过合作社和种植户的种植示范作用，示范推广谷子轻简化栽培技术，重点帮扶村里低收入户，同时带动其他农户通过种植谷子脱低致富的积极性。

良种筛选。项目组挑选了产量、品质、口感都比较好的谷子品种（冀谷 35、冀谷 39、冀谷 42、张杂 10、张杂 16 及对照品种豫谷 18）进行较大面积种植，并挑选 11 户愿意种植谷子的农户进行示范种植，结果表明，冀谷 39 和张杂 10 两个品种比较适宜当地种植。

轻简化栽培。谷子传统的种植方式费工费力，由于采用的不是抗除草剂品种，一个生长季在间苗、定苗、除草等作业项目方面，就要用人工 4～5 个/亩。采用轻简化栽培技术与配套品种相结合的方法，在谷子小苗长到 4～5 片叶时，按要求浓度喷施谷子专用除草剂，基本上一次就能达到定苗除草的作用，从而节省了大量的人工费用。用这种方法，3 年累计推广种植 130 亩，按每亩节省人工 5 个、100 元/人计算，每亩节约成本 500 元，累计节约 6.5 万元。

通过项目的实施，轻简化栽培技术与配套品种的方法受到了种植户的广泛欢迎，项目组在开展技术示范和推广、科技培训及面对面为种植户提供技术指导和服务的同时，及时解决了生产中的实际问题，充分调动了村、合作社、种植户各方的积极性，收获了较好的经济效益和社会效益。

（四）利用农业废弃物养殖蚯蚓，提升果园综合生态效益
——密云区太师屯镇后八家村科技能力提升

太师屯镇后八家村位于密云库区，由于密云库区是北京市重要的水源涵养地，在不能完全实现生态移民的大背景下，当地农户的农业生产受到挑战。此外，库区养殖业完全退出后，由于厩肥源的缺失，土壤有机质的补给链受到外埠调入成本渐高的威胁而日益断裂。寻求保持生态链的完整性和促进农民增收的技术措施成为农业科技人员的重任。草业花卉与景观生态研究所自开展“密云区太师屯镇后八家村科技能力提升”项目以来，深入调研，了解到该村以林果果品收入及林果为基础的休闲农业收入为主，但长期以来果农受到果园收益低和果园土壤质量下降的双重困扰。

试验示范了生态果园复合养殖蚯蚓技术。蚯蚓被称为“土壤生态系统工程师”，通过影响土壤物理、化学和生物学等性质在物质循环及能量流动过程中起着极其重要的作用。项目组采用合作社辐射带动农户的组织管理方法。北京云水种植专业合作社刘尚文老师的苹果园以寒富品种为主，处于盛果期，以有机肥代替化肥种植，以富硒、口感上乘见长。刘老师常被后八家村付强、付长学、付小平请去教授苹果修剪、施肥技术。借助刘老师在村民中的威望，充分发挥北京云水种植专业合作社的带动作用，项目组先在云水专业合作社果园内建了 10 亩纯牛粪蚯蚓床。蚯蚓很快繁殖起来。一些烂果也得到充分消纳。随后，在付强、付长学、付小平三户村民的 10 亩果园内建了加有玉米秸秆的蚯蚓床。蚯蚓繁殖得很快，付强家坡地苹果园中的鸡吃得不亦乐乎。再之后，又在太师庄种植专业合作社的 30 亩新建枣园示范推广了林下养殖蚯蚓技术。收获蚯蚓的同时，蚯蚓活动和蚯蚓粪也大大促进了土壤质量的提高，既解决了有机肥减少阻断当地生态链完整性及土壤质量下降问题，又改善了果园产业效益较低且农民收入不佳的状况。

进行了秸秆替代牛粪试验。自 2018 年始，密云区实施库区畜牧业退

养政策。牛粪多来自库南及河北周边，运输成本加大，为此，项目组进行了利用玉米秸秆养殖蚯蚓的试验。虽然利用预腐熟玉米秸秆养殖蚯蚓的效率较纯牛粪低 30%，但较未腐熟秸秆大大提高，亩均增收约 9 000 元，完成了户均增收 5 000～10 000 元的增收目标。

（五）信息技术助力农旅融合，为当地产业提档升级——北京虎辰旅游专业合作社科技能力提升

白虎头村是地处门头沟区斋堂镇深山区 109 国道与斋幽路交界处的一个小村庄，因位于白虎头沟沟口而得名。该村环境秀美，历史悠久，文化底蕴深厚。近年来，该村在村委及各级政府、组织团体帮扶领导下，在带动低收入农户增收方面开展了卓有成效的工作，并通过村民自发集资入股的形式，成立了北京虎辰旅游专业合作社。该合作社以“农旅一体化”为发展定位，以“旅”为突破口，深度挖掘“王家山惨案”遗址资源和其他红色基因，讲好历史故事，逐步形成农游合一、农旅融合的一二三产业融合发展模式。

针对门头沟白虎头村古遗址、古文物和京郊文化旅游宣传力度不够，体验项目科技程度低的现状，信息中心专家团队综合利用文物建模技术、增强现实技术、虚拟现实技术，挖掘文化旅游资源、文化故事和文化内涵，制作白虎头村文化旅游资源 3D 展示动画，研发白虎头村文化旅游线上微信宣传推介系统和白虎头村文化旅游线下 AR 互动体验系统，以增强现实的交互形式，为参观旅游人员提供白虎头村文化旅游智能讲解服务。

在北京市农林科学院低收入村“双百对接”项目的支持下，信息中心动漫技术部到白虎头村调研并利用 3D 数字化技术和设备获取春季村容村貌、历史遗迹和梨树等的 3D 数据（图 4-19），制作了在云端展示宣传白虎头村农业服务项目的数字互动体验系统。2020 年 5 月 9 日，面向中小学生科普教育，与白虎头村委会共同策划举办了白虎头村乡村大讲堂平台特别活动——“带你云端游白虎头村-牵手全国首席科学传播专家团队话科普”活动。活动在 QQ 课堂上举行，由动漫技术部申素霞主持，

白虎头村第一书记金书记首先做了活动简介；信息中心郭新宇研究员讲解了数字植物技术及其应用；接着，申素霞向同学们介绍了白虎头村的农业特色、红色文化、故事传说和旅游资源等，并在互动环节向同学们展示了白虎头村微信公众号“寻味白虎头”“AR线下互动体验系统”“全景系统”等中心研发成果。

▲ 图 4-19　动漫技术部成员在白虎头村获取梨树 3D 数据

（六）良种配良方，板栗产业促民增收——房山区南窖乡南窖村科技能力提升

南窖村是历史悠久的“良乡板栗”主产地，南窖村的板栗具有甜、香、脆、实的特点，含糖量在20%左右。南窖村现有板栗1 500亩左右，由于老树、小树均有，产量极低，年总产量不足60吨，亩均产量在40千克左右。南窖村板栗资源主要是退耕还林时建设的板栗园，目前虽处于盛果期，但由于板栗价格近年来持续低迷，栗农疏于管理，导致产量不

高、品质优劣不均；另有数千株百年实生老树，产量更低，品质参差不齐。针对以上情况，林果所项目组通过采用引进良种及配套技术、改造低产大树等措施，在南窖村示范推广新成果及技术 18 项，实现板栗产量提升 85%以上，产品质量提升 25%以上，亩增效益 84%以上。

引进板栗良种。项目组先后引进板栗良种——燕红、燕山早生、燕昌早生、燕山早丰、怀香等，引进接穗数量达 2 500 个。经专家多次开展技术培训和亲自到现场指导，板栗苗嫁接成活、生长整体表现较好。通过对嫁接树进行综合技术管理，部分品种已开始结果，其中，燕昌早生、燕红、燕山早丰 3 个品种已表现出良好的结果特性。

示范提质增效栽培技术。示范推广板栗修剪技术（冬季、夏季修剪）、病虫害控制技术（栗疫病、干腐病、桃蛀螟、食叶害虫）、树盘除草覆盖技术、追肥技术（地下追肥、叶面喷肥）、秋季施基肥技术等，使示范园每亩增产 250 千克，示范 20 亩，累计增收 5 万元，带动全乡 1 500 亩发展，按亩增收 350 元计算，共计增收 52.5 万元。

改造板栗低产园。南窖村板栗大树从未修剪过，因此，为了节约营养增加产量，做低产大树改造示范尤为重要。对 60 年树龄的大树每年去除内膛遮光大枝、无用大枝等，每棵树每年大枝去除量 2～3 个，大枝去除要逐年完成。在管理上实施生草覆盖、施果实增大肥等技术，从产量调查看，每年去除几个大枝并不影响板栗产量，反而板栗品质得到了提高。

开展技术培训与咨询服务。南窖村板栗栽培多年来没有系统管理，大部分家庭对板栗树管理非常粗放甚至不管理，放任其生长。项目组成员根据这一现象，每年随季节、茬口及时开展技术培训（图 4-20）。为了更好地实现技术落地，项目组首先成立了 20 人组成的板栗专业服务队，在每项技术实施前对专业队进行培训与演示，确保真正做到技术不走样，技术实施起来更加顺畅。为了配合技术落实，项目组编制了《板栗科技便民手册》，每年分别发放到专业队及农民手中，3 年累计培训达 452 人次。

▲ 图 4-20　技术服务团队培训

项目组通过引进板栗优良品种、示范提质增效栽培技术、改造低产大树、开展科技培训、面对面为生产者提供技术指导和服务等，及时地解决了当前南窖乡板栗产量低、品质差、价格低等严重影响栗农收入的生产实际问题；通过科学、有效地开发板栗产业资源，充分调动了村、农户的积极性，改善了板栗园生态环境，提高了土地利用率，提高了栗农的生产积极性，增加了栗农的收入，为当地板栗产业化升级打下了坚实的基础。

（七）引进新品种、新技术，实现绿色健康养殖——北京鸿润泽养殖专业合作社科技能力提升

北京鸿润泽养殖专业合作社位于北京市延庆区张山营镇吴庄村，该村是低收入村。合作社有丰富的自流井水资源，有 7 口池塘、33 亩水面，开展了小规模垂钓业务，主要养殖草鱼、鲤鱼、彭泽鲫、花白鲢等大宗常规品种，缺乏养殖新品种和相应的技术，效益较低。水产所项目团队针对前期调研结果和养殖户的需求，通过引进新品种和推广健康养殖技术来提升

合作社科技能力。

2017 年，项目组帮助养殖户引进松浦镜鲤大规格鱼种 1 万尾，当年养成成鱼 20 吨。松浦镜鲤耐寒，易垂钓，单价比普通鲤鱼价格高出 1～2 元/千克，适合吴庄渔场的经营方式和当地气候（图 4-21）。

▲ 图 4-21　项目组为合作社引进鱼种

2018 年，项目组帮助吴庄渔场引进松浦镜鲤乌仔 10 万尾、松浦镜鲤春片 7 000 尾。因养殖户没有池塘养殖长丰鲢水花，项目组给养殖户引进了长丰鲢春片 2 000 尾，在松浦镜鲤养殖池中搭配养殖鲢鱼新品种长丰鲢，进行套养。引进的松浦镜鲤乌仔，10 月中旬规格达到 150～200 克/尾，除去渔场自用外，出售 2 500 千克。2018 年引进的松浦镜鲤春片 10 月初达到 900～1 000 克/尾，供垂钓场使用。长丰鲢比普通鲢鱼生长快 20%以上，既起到了调控水质的作用，又达到了增产增收的目的。

2019 年继续帮助吴庄渔场养殖松浦镜鲤和长丰鲢，并加大了对合作社水质调控的技术支持，提供微生态制剂；针对北京鸿润泽养殖专业合作社发展休闲渔业的需求，提供稻渔种养、藕渔种养的技术支持；提供新型绿色渔药“血停”，用于防治草鱼出血病。

项目组能及时地应用由国家大宗淡水鱼产业技术体系北京综合试验站试验示范成功的新品种、新技术和新产品，使对接户及早受益。引进的养殖新品种生长快，效益高。尤其松浦镜鲤耐寒，生长周期长，生长速度，性状稳定，饵料系数低，易上钩，是垂钓的好品种，且其耐寒的特点有利于延长垂钓场的开放时间。此外，松浦镜鲤产量高，售价高，平均比普通鲤鱼价格高 1～2 元/千克，因而受到对接养殖户的欢迎。微生态制剂调控水质技术和新型绿色渔药“血停”防治草鱼出血病技术，都符合绿色发展需求，有助于提高养殖鱼的品质。针对北京鸿润泽养殖专业合作社发展休闲渔业的需求而提供的稻渔种养、藕渔种养的技术支持，既帮助改善了池底和水质，又美化了环境，吸引了更多的消费者。

（八）培肥地力，实现有机板栗优质、绿色生产——北京白土沟有机板栗合作社科技能力提升

北京白土沟有机板栗合作社位于密云区不老屯镇云峰山景区，成立于 2008 年。合作社现有成员 220 户，种植面积 2 000 亩，主要种植板栗、核桃、梨、杏等果品，并于 2009 年注册“燕水”商标。针对白土沟有机板栗土壤肥力低、资源浪费和生产低效等一系列问题，营资所项目组重点进行农业废弃物资源化利用和土壤培肥技术集成，着力提高板栗土壤肥力，以达到板栗高产、优质、高效、生态、安全的目的。

有机板栗田间土肥水管理技术示范推广。项目组重点进行了土壤培肥与养分调控及水肥一体化技术示范推广，以提高有机板栗产量，改善其品质（图 4-22）。

有机生态循环农业技术集成与示范。通过推广农业废弃物无害化处理与资源化利用技术，进行技术组装与集成、技术展示与示范，提升了北京白土沟有机板栗合作社的品牌效应，全面提高了合作社经济效益、生态效益和社会效益，为京郊有机板栗生产提供了技术样板。

▲ 图 4-22 项目组开展有机板栗栽培与施肥技术培训

施用沼渣沼液提高土壤肥力。通过施用沼渣沼液，使有机板栗种植基地土壤有机质含量提高了 12%左右，实现了有机板栗水肥一体化，提高了养分资源利用率。有机板栗种植过程中节水 23%，节肥 16%，增产 10%左右，农业废弃物资源化利用率达到 92%。

项目的实施有效地提高了有机板栗的土壤肥力，改善了土壤结构，增厚了耕层土壤，促进了土壤有益微生物区系的形成，促进了农业废弃物的资源化利用，实现了有机板栗增产和稳产，提高了北京地区有机农产品的可持续生产能力。通过各种科技服务方式，累计示范推广有机板栗土壤培肥与养分调控 2 200 亩，消纳沼渣沼液 5 500 吨以上；累计开展技术指导及培训 35 次，累计培养技术骨干 36 人。在协议期限结束时，促进北京白土沟有机板栗合作社同比协议签订时年新增经济效益 22 万元，增幅达到 16%（≥10%），取得了显著的经济效益。

（九）科技助力全产业链环节，提升养蜂产业生产技术水平——北京惠生养蜂专业合作社科技能力提升

密云区石城镇黄峪口村是典型的深山低收入村，除种植板栗、核桃外，中华蜜蜂养殖是当地村民的主要产业和重要的收入来源之一。在此背

景下，北京惠生养蜂专业合作社于2008年成立，现有社员230户，蜂群存栏最高峰时达到7 000多群，有固定资产800多万元，年加工能力达100吨，注册了“中峰谷”商标。但是，合作社在中华蜜蜂饲养和蜂产品加工销售过程中仍然存在诸多问题，如从南方引进的蜂群越冬死亡率高、蜂种个体小、维持群势小、产量低、产品销售难等。这些问题影响了该村中华蜜蜂产业的可持续发展，以及该产业在带动农民增收方面所发挥的积极作用。

植保所的专家针对以上问题，开展了“北京惠生养蜂专业合作社科技能力提升”项目，团队成员从中蜂良种、饲养管理、产品生产、销售、科普等各个环节提供全产业链的科技服务，提高中蜂养殖技术水平，增强帮扶对象的自我“造血”功能，以打造北京中蜂产品品牌和蜂业休闲游市场，提升合作社的综合影响力和可持续发展能力。

建立地巢蜂箱10个，示范并评估了地巢式蜂箱饲养方式，降低蜂群越冬死亡率的效果，并实现了技术落地应用，还根据当地环境条件不断改进和完善了该饲养方法。引进中蜂良种1个，并开展适应性和生产、越冬性能试验，示范了中华蜜蜂人工育王新技术。通过连续3年开展技术培训和示范，实现成功育王68只，培养技术能手2人。试验示范了中蜂自然成熟蜂蜜生产、设施草莓中蜂授粉、蜂产品网上销售等多样化发展方式，拓宽了中华蜜蜂产业发展增收途径。

（十）丰富品种，引进微喷节水技术，提升蔬菜种植效益
——延庆区刘斌堡乡下虎叫村科技能力提升

北京市延庆区刘斌堡乡下虎叫村是个低收入村，村里有耕地620亩，林地4 300亩，人均耕地面积比较多。村民以老弱病残和妇女居多，缺乏青壮年劳动力。下虎叫村结合本村的实际情况，确定了通过山楂小院吸引游客，带动发展种植优质的有机农产品及其加工，实现农民增收的发展思路。山楂小院的建设吸引了游客，带动了农产品的销售，为村民的增收创造了条件。蔬菜所2017年开始通过“双百对接”项目的实施为当地引进

了蔬菜新品种，丰富了产品花色类型，并提升了蔬菜种植水平，结合当地旅游业的发展，进一步增加了农民的收入。

首先，解决该地区严重缺水灌溉问题。当地是深山区，又是贫困村。全村只有1口水井，水量有限，除了提供全村饮用水外，还要进行灌溉。项目组引进了微喷覆膜节水技术，使用水量节省了70%，省工50%以上。该项技术节水效果突出，不仅使该村蔬菜种植得到发展，而且使大田和蘑菇种植也得到了小面积的推广。该项技术将是今后山区不可缺少的重点推广的技术。

其次，该村种植蔬菜品种单一，只有豆角、南瓜等传统蔬菜种植。通过项目引进了蔬菜、玉米等六大类新品种并进行了试种筛选和展示示范。3年累计投放90余个品种，在花色类型、抗病、高产、适应性等方面进行了仔细的逐年筛选。在当地可推广的新品种达到70余个，大大满足了农户各种类型的栽培方式，有助于山楂小院吸引游客，3年累计吸引游客5 400人次以上。

另外，进行了工厂化穴盘育苗培技术的推广。根据当地农业专业合作社的具体情况，培训当地技术人员2名，使他们在3年内充分掌握穴盘育苗技术，在项目实施过程中累计育苗12万株。工厂化穴盘育苗培技术的推广提高了蔬菜育苗质量，减少了人工使用，节水、节种，进一步增加了经济收益。

（十一）推广规模化肉鸽养殖实用技术，带动产业增收增效——北京泰丰肉鸽养殖专业合作社科技能力提升

大兴区长子营镇小黑垡村为大兴区两个低收入村之一，畜牧研究所根据低收入村的产业特点和市场需求，结合院“双百对接”基地，推广肉鸽养殖实用技术，通过合作社的带动作用，让低收入户积极主动地参加肉鸽养殖。通过泰丰肉鸽养殖专业合作社的经营管理制度，带动小黑垡村新建种养殖类专业合作社，因地制宜，让低收入户积极参加到村合作组织中，并向他们提供专业技术上的培训和指导服务，用技术帮扶带动低收入户脱低。

利用简单易操作技术优势推动低收入户加快脱低。泰丰肉鸽养殖合作社进行规模化养殖已有8年，采用机械化操作替代烦琐的人工操作，配置的实用设备正逐步发挥优势，通过技术操作规范养殖人员可学可操控。原

粮前处理技术已经在养殖场实施，通过实验室菌群检测，减少霉菌污染，减少原粮收获中条件致病菌的数量，建立原粮食用标准。养殖人员轻松掌握操作标准，在养殖过程中发挥所长，做好本职工作。

良种肉鸽选育和品种更新增加合作社经济效益。结合北京市科学技术委员会项目“种鸽优质核心群选育及关键配套技术研究示范”组建了米尔蒂斯种鸽 4 个品系和银王鸽、白王鸽 6 个种鸽核心群 3 000 对，选育扩繁核心群种鸽 8 000 对，核心群总规模达到 1.1 万对，形成优质种鸽供种能力 50 000 对。米尔蒂斯 28 日龄体重为 597.6 克，种蛋受精率达到 91.8%。银王鸽 28 日龄幼鸽体重为 534 克，白王鸽 28 日龄幼鸽体重为 525 克，银王鸽和白王鸽种蛋受精率均达到 91%以上。

建立快速检测技术和改进饲喂设施减少病害。毛滴虫是寄生虫，毛滴虫引起的寄生虫病是肉鸽养殖中最严重的传染性疾病，项目组通过建立毛滴虫体外快速镜检技术、配合人工饲喂切断毛滴虫垂直传播的传染源（图 4-23）；通过改进饲喂设施，降低毛滴虫的水平传播率，同时培训合作社的兽医人员，使毛滴虫得到了有效的控制。

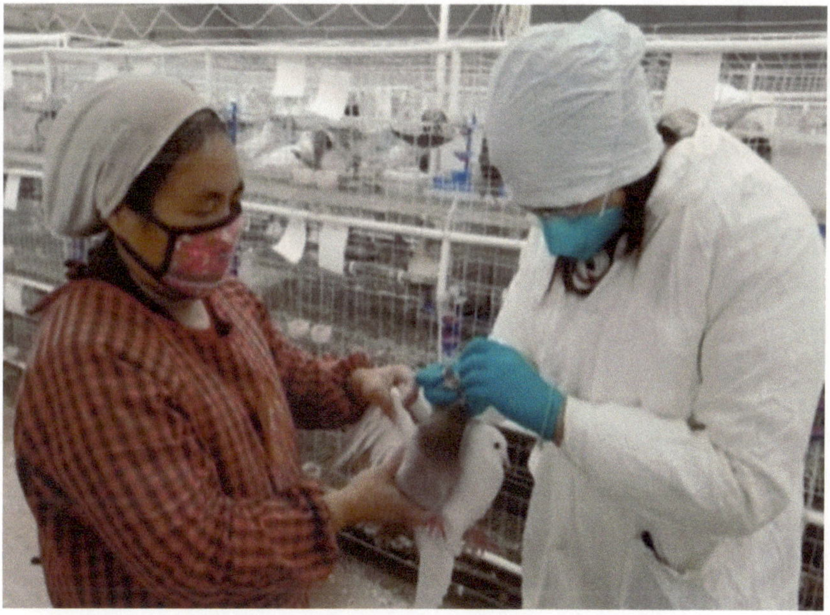

▲ **图 4-23　项目组在泰丰肉鸽养殖场进行毛滴虫采样**

技术培训提升养殖人员专业技能。项目组技术人员对低收入户人员进行养殖相关培训，使低收入户能感受到技能提高会带来收入的增加，使他们对肉鸽产业发展充满信心。经过技术培训后，残疾人员能熟练工作，收入达到800元/月，低收入户每人净增200元/月，2019年助推帮扶8户低收入户实现脱低。同时，项目组开展技术培训15次/年，培训3名专业技术人员。随着产业布局的调整，今后肉鸽产业发展需要更多科技人员在良种选育、疾病防治中提升技术转化水平，通过科技创新提高肉鸽养殖的经济效益和社会效益。

（十二）节水增效，新品种和新技术带动小麦籽种繁育产业发展——北京鑫润稼祥农业技术推广站科技能力提升

北京鑫润稼祥农业技术推广站位于房山区石楼镇二站村，负责当地农业技术推广及农资采买，提升其科技能力，对于促进二站村农业发展意义重大。小麦是二站村的主要种植作物，种植面积有数百亩。随着农业结构的调整，小麦种植向高效节水方向发展，导致种粮经济效益下滑，再加上缺乏新品种和新技术，当地农民种粮积极性较差。项目组通过前期调研，针对小麦缺乏新优品种、播种质量较差、田间管理粗放、投入不足等问题，决定通过提供节水抗旱小麦品种、全程技术帮扶、综合保险支持等，提升低收入户种粮经济效益；引导低收入户向小麦籽种产业发展，确保低收入户劳动力掌握小麦籽种生产技能，并与专业合作社建立直采直供关系，加大对低收入户中纯农就业家庭劳动力转移就业的帮扶力度，帮助他们通过参与籽种繁育实际操作，实现收入增长。

小麦节水品种及配套技术推广。项目组联合北京鑫润稼祥农业技术推广站，面向房山区石楼镇二站村集中推广以节水为主题的现代农业技术，组装集成了杂交小麦节水品种、高效喷灌、水肥一体化、镇压保墒、化学抗旱等技术，形成简便、易操作的杂交小麦节水栽培关键技术，并进行示范推广。项目执行期间，依托杂交小麦科技套餐面向房山区石楼镇二站村推广节水小麦品种1个（京麦21），推广小麦节水高效栽培技术1项（杂

交小麦节水栽培关键技术）。通过节水品种和节水栽培技术配套，小麦中心培育的系列品种表现出高产、节水特性，大面积种植一般亩产可达 550 千克以上，较往年平均水平增加约 50 千克/亩，并可实现节水灌溉 1 次，节支增收达 130 元/亩。

小麦籽种繁育技术推广。面向二站村开展小麦籽种繁育技术推广，对北部冬麦区主推的京冬系列小麦品种和京麦系列杂交小麦亲本材料进行繁育技术推广，繁育品种 2 个（京冬 17 及京麦 9 号父本），推广稀植晚播与适时隔离等繁育技术 2 项，带动下游籽种产业面积超过 1 万亩，实现种业效益 1 000 万元以上。2020 年，项目组建立的小麦籽种繁育基地的京冬 17 实收亩产接近 600 千克（图 4-24）。

▲ 图 4-24　小麦籽种繁殖基地

（十三）科技对接品牌建设需求，质量标准助力产业升级——延庆区香营乡新庄堡村科技能力提升

新庄堡村位于延庆区东北部，背靠缙阳山，属于半山区，主导产业为 3 600 余亩鲜食杏，是华北最大杏树种质资源基地。近年来，因树龄老化、

肥料等农资投入不足等，导致种植户收入逐年下降。2017—2019年，北京市农林科学院质标所开展了“香营乡新庄堡村科技能力提升”项目。项目组通过前期调研，制定了基地总体提升目标，主要包括产地环境质量监测、农产品品质检测、特色农产品品牌建设和低收入户帮扶方案的制定等，3年间，在提高农民收入尤其是带动低收入户增收方面取得了显著成果。新庄堡杏树种质资源基地于2018年荣获北京市农林科学院“科技惠农基地奖”。

提供农产品安全生产的技术支持。项目组针对生产实际问题，在生产前端强调种植管理过程中的安全方式，包括合理施肥、合理用药；在种植当季开展科学合理使用农药的培训，以及基地主要病虫害防控的现场指导；组织农产品质量安全专家、植保专家开展培训20次，培训技术骨干10余人。通过指导基地合理施肥用药，控制基地肥料和农药的使用，实现化肥和农药使用量下降10%；降低了园区投入，改善了整个园区和区域生态环境；通过在园区进行农药施用、病虫害防控、种植标准规范等培训，培养了农业技术骨干，提升了他们从业技能。

开展产地环境质量监测与农产品质量安全监控。项目组在基地共布设了22个土壤采样点，按国家标准检测土壤中重金属元素（Cu、Zn、Cr、Pb、Cd、As、Ni、Hg）含量，同时检测土壤pH，土壤全氮、有机质、速效钾、有效磷等肥力指标，检测结果表明，该区域无重金属污染情况，产地环境良好（图4-25）。采集西瓜样品74个，对西瓜的外部尺寸和内部糖分等品质指标进行检测；采集葡萄样品313个，检测葡萄糖分指标。在基地推广了产地环境质量监测技术和农产品品质快速检测技术。

协助开展品牌建设。围绕冷凉区小型西瓜品牌建设，开展西瓜可溶性固形物检测技术的示范与推广工作，开展西瓜病虫草害绿色防控现场培训4次，编写《西瓜种植管理技术资料选编》，并赠送给基地相关技术人员20余套，使基地技术管理人员在西瓜种植过程中能够识别主要病虫害，并掌握相应的防控措施。通过参加项目组在基地开展的技术培训、技术指导，基地领导层面的农产品品牌建设的意识获得了提升，认识到是品牌意识薄弱、农产品的附加值低阻碍产业的发展。通过项目组3年的对接，基地农产品竞争力和品牌影响力都获得了提升，并通过开发初级农产品，提高了农产品的附加值，增加了收益。

▲ 图 4-25　项目组成员在基地进行土壤样品采集工作

参与“艾蒿文化世园主题村”建设。共流转土地 200 亩，村民实现租地收入 22 万元，同时新增了餐厅服务、产品售卖、艾草茶采摘等就业岗位，为低收入户提供了就业岗位，年人均增收 1.89 万元。该项目盘活了村集体产业，带动农民特别是低收入户增收，激活该村自身“造血”功能，真正实现产业帮扶的可持续发展，为北京农业产业发展再建新功。

附录一

低收入增收科技帮扶媒体宣传

1.2019 年 7 月 3 日，《农民日报》发表“勇担科技富农的使命——北京市农林科学院开展低收入帮扶工作纪实”对北京市农林科学院低收入增收工作进行了宣传报道。

农民日報

FARMERS' DAILY

习近平同土耳其总统埃尔多安举行会谈

习近平向2019世界新能源汽车大会致贺信

习近平能源安全新战略的浙江探索

河南省襄城县以“一日两会”为抓手，打赢一场脱贫攻坚“翻身仗”，请看——

特殊的“星期二”

中央组织部 中央宣传部 退役军人事务部 中央军委政治工作部印发《关于开展向张富清同志学习的通知》

习近平主席特使韩长赋出席巴拿马总统权力交接仪式

江西高标准推进农村人居环境整治

宁夏实施农产品供给质量提升行动

青海借智加速绿色有机农畜产品示范省建设

勇担科技富农的使命

——北京市农林科学院开展低收入帮扶工作纪实

三农微评

“农民呼声”也要交接好

2.2020 年 4 月 21 日，《北京日报》发表“农科院进村　白虎头‘抬头’”一文，对北京市农林科学院科技助力白虎头村脱低增收取得的成效进行宣传。

北京新闻

2020年4月21日 星期二

北京日报 7

引种百枣园，栽培食用菌，营造观光田……

农科院进村 白虎头“抬头”

“动态楼宇”筑起社区安全墙

昌平9成医药企业复工复产

朝阳今年增绿160余公顷

平谷小提琴线上直播寻销路

乡村“带货网红”开通云培训

大兴“创城”元素扮靓大龙河

延庆启动垃圾分类大培训

乡村需要营销新思路

3.2020 年 6 月 18 日，《北京日报》发表“科技小院大担当”一文，对北京市农林科学院在科技小院取得的显著成效进行了报道。

北京日报 13

京韵周刊

首善

让更多京郊农民尝到科技兴农兴业兴村的甜头

科技小院大担当

从曲周到西部架

组建精准帮扶“集团军”

把论文写在京郊大地

小院里做出大品牌

激活50个小院造血功能

4.2020 年 7 月 2 日，《北京晚报》就北京市农林科学院科技帮扶白虎头村增收工作发表“昔日贫瘠荒山坡 今朝花果致富田”一文。

03 要闻时事

2020年7月2日 周四 北京晚报

走向我们的小康生活 走村记

门头沟斋堂镇 白虎头村

开栏的话

梯田层叠拾级而上、百合花海含苞待放……花园乡村三季有花赏有景看有果采

昔日贫瘠荒山坡 今朝花果致富田

往昔 看天吃饭 一年收入只有几十块钱

变迁 对接帮扶 专家带来新品种新技术

引入项目 鲜食玉米为村里增收40万

今朝 引领示范 林果旅游等产业全面发展

亦庄调节池二期工程启动蓄水试验

城南年底再添42公顷“蓝色明珠”

京张高铁开通半年 运送旅客超180万

5.2020年7月7日，《北京日报》发表“打造百合文化园，建设家庭小菜园，引入农大科技小院——百合村里百花香”一文，对北京市农林科学院科技小院建设进行了报道。

8 北京日报 2020年7月7日 星期二

北京新闻

打造百合文化园，建设家庭小菜园，引入农大科技小院——

百合村里百花香

林下经济助小山村增收

大兴农品从基地直达社区

厨余垃圾制肥滋养阳台菜园

新昌赤路年底全线通车

党日活动从“会场”开到“现场”

胡同共生院首次引入人才公寓

珍稀野鸟“扎堆”永兴河

物管会“药到” 社区顽疾“病除”

牤牛河畔清拆养殖场

6.2020 年 8 月 4 日，《北京日报》发表“发展民宿环保带路，黑山寺村吃上可持续发展‘生态饭’ 青山绿水间 致富智当先”一文，对北京市农林科学院科技帮扶过程中注重绿色发展、融合发展进行了宣传报道。

北京新闻

北京日报 7

发展民宿环保带路，黑山寺村吃上可持续“生态饭”

青山绿水间 致富智当先

延庆推百家长城人家主题民宿

丰台养老驿站昨日重启

国创产业园搭平台护航复产

政府宽租村民闲置房为企业提供宿舍

大兴村庄公寓迎来首批租户

东城一线工作者讲述战疫故事

国道G111出京线怀柔段大修完工

7.2020 年 8 月 18 日，《北京日报》发表“清水河畔朱家湾吃上‘生态饭’”对北京市农林科学院科技帮扶低收入增收工作进行报道。

北京新闻
7
养柴鸡 育牡丹 办农场 开民宿
清水河畔朱家湾吃上“生态饭”
全国首家国际研究型医院开建
大庄科“大调研”逐村“把脉开方”
朝阳推医保生育保险“一窗通办”
亦庄镇“物商联盟”共治街区环境
门头沟首个加装电梯项目启动
南京盐水鸭
饱满肥美　肉嫩油润　咸香味醇
400-836-5059
北京老酒收藏馆长年收购茅台酒
咨询电话：13811116353 赵老师

8. 2020 年 8 月 24 日，《北京晚报》发表“林间种下‘聚宝盆’低收入户全摘帽”一文，对北京市农林科学院林下种养殖助农脱低工作进行了宣传报道。

02 要闻时事 2020年8月24日 周一 北京晚报

新冠病毒灭活疫苗将亮相服贸会

超百家企业参与公共卫生防疫专题展 展示最新抗疫科技成果

105家企业参展 公共卫生防疫专题展

线上线下结合展示 中医药先进成果

“新冠病毒核酸快检系统”将亮相

安全生产督察组今天进驻四区

市民拨打12350可举报安全生产隐患

农林专家进村上门帮扶 生态林下种洋葱养油鸡

林间种下“聚宝盆” 低收入户全摘帽

大兴区长子营镇 小黑垡村

往昔 困难户生活拮据 买卫生纸都要赊账

变迁 专家团冒雨进村 量身定制产业方案

今朝 研究生驻村帮扶 逆袭故事写进论文

9.2020年10月20日，《北京晚报》发表文章“来了位种蘑菇的刘专家”，对北京市农林科学院在低收入村因地制宜地进行产业帮扶工作取得的成效进行宣传报道。

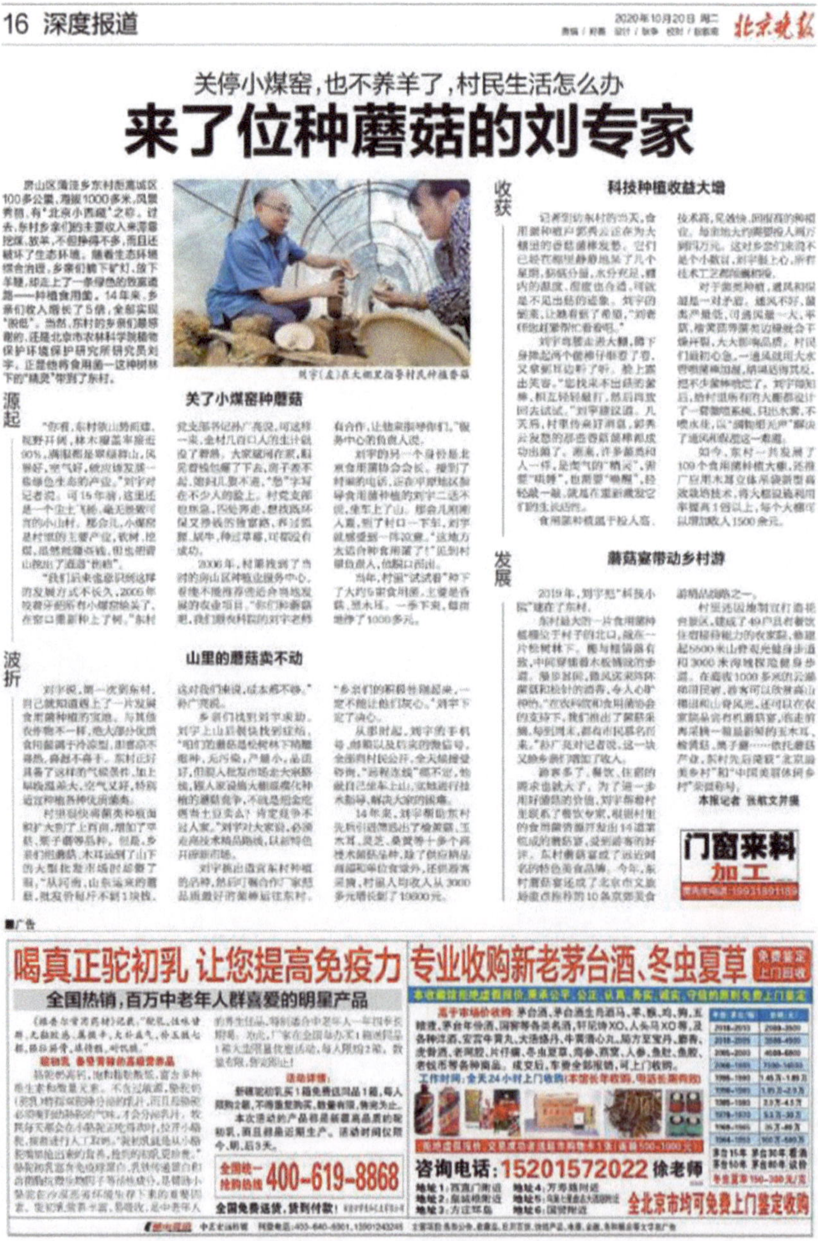

附录二

低收入村产业发展规划概况

序号	村名	规划名称	规划类型	规划内容	对接单位
1	二站村	北京市房山区石楼镇二站村农业产业发展规划	产业类	二站村位于房山区石楼镇，村庄农业产业单一，以传统农业为主，亟须与休闲旅游等产业进行融合来提升。通过创意化、特色化、体验化的方式，开发低成本、见效快的旅游产品：通过林花种植等方式创造各种生态主题景观，增强观赏价值；通过低成本但创意性十足的产品，增强体验性；通过各种林下休闲产品开发，导入休闲功能。以建设京西休闲创意新村为目标，充分挖掘二站村林地资源优势，构建“一心三区”旅游空间，即围绕居民居住村落，打造民宿体验中心，围绕林地资源林下特色种养区和创意游憩区，重点发展林下经济、传统种植业、休闲农业与乡村旅游、水产养殖业、现代农业产业支撑体系。经过5年的发展，将二站村打造成农业主题业态多元、科技服务高效、功能结构优化、组织模式先进、土地调优增值、生态保障有力的发展新格局，成为京城内外游人的度假、休闲、科普、教育基地，树立京郊新型城镇化背景下美丽乡村建设的典型示范村庄	杂交小麦研究所

续表

序号	村名	规划名称	规划类型	规划内容	对接单位
2	青白口村	北京益农缘生态农业专业合作社产业发展规划	融合类	青白口村位于门头沟区雁翅镇，益农缘生态农业专业合作社是该村产业发展的引擎。充分利用门头沟区的旅游文化休闲产业和雁翅镇的资源优势，以文化创意农业为核心，以科技为支撑，建设观光农业、科技农业、循环农业、生态农业、休闲农业，盘活农村农用地资源、农村集体建设用地资源、生态资源和人文资源，围绕特色林果和乡村旅游两条主线，构建以民宿体验为中心，以特色种植和休闲观光为功能的“一心、两片区”格局，开创“文化＋科技＋生态＋休闲”的产业发展新路子，逐步把合作社建设成特色鲜明、功能完善、环境优美的北京市文化创意旅游与休闲度假基地、北京市特色农产品生产基地、北京市循环农业示范基地、门头沟区农情体验基地	数据科学与农业经济研究所
3	森水村	北京市房山区蒲洼乡森水村农业产业发展规划	融合类	森水村位于房山区蒲洼乡，以旱作农业和中华蜜蜂养殖为主。规划把握森水村文化底蕴和产业发展特色，通过科技手段和艺术加工，挖掘中华蜜蜂的产业文化内涵，集成虚拟现实等前沿数字媒体技术，融入科技元素，配套开发游览体验和娱乐活动，提升文化附加值、生态附加值、科技附加值和服务附加值，将森水村打造成北京市文化创意旅游与休闲度假区、北京市特色农副产品生产加工基地、北京市中小学生中华蜜蜂科普教育示范基地、北京市爱国主义教育基地、北京市休闲养生疗养基地等	植物保护研究所

续表

序号	村名	规划名称	规划类型	规划内容	对接单位
4	太子墓村	北京市门头沟区雁翅镇太子墓村农业产业发展规划	产业类	太子墓村位于门头沟区雁翅镇，为“京西苹果第一村”，“太子慕”苹果闻名遐迩。规划围绕富士苹果优势产业进行分析，深入剖析苹果产业发展过程中存在的问题，提出苹果良种化、有机果园建设、苹果高效种植、生态果园休闲等重大工程，结合乡村旅游产业，着力打造有机果品采摘、特色餐饮、农事体验、乡村疗养、科普教育、文化创意等旅游项目，逐步将太子墓村发展成为北京市文化创意旅游与休闲度假区、特色农副产品生产加工基地、门头沟区生态旅游园区	林业果树研究所
5	大兴区青云店镇六村	大兴区青云店镇六村农业产业发展规划	产业类	青云店镇位于北京市东南郊大兴区东部，属于平原造林村。规划从“林下产业”实现突破，构建“合作模式”的发展之路。充分挖掘六村森林资源，构建“一村一园”产业空间，利用六村的402亩平原造林林地，紧跟市场需求，大力发展林菌、林药、林花、林下养殖等。通过加强与大兴区、青云店镇及兄弟村合作社的合作与沟通，打通本村林下农产品的销售渠道；借力与大兴区临空产业园和亦庄开发区相邻的优势，积极开拓本村农产品的市场；加强与企业合作，提供本村绿色林下农产品	植物营养与资源环境研究所

续表

序号	村名	规划名称	规划类型	规划内容	对接单位
6	大兴区长子营镇小黑垡村	大兴区长子营镇小黑垡村农业产业发展规划	产业类	小黑垡村位于北京市大兴区长子营镇东北部，林地资源丰富，生态环境优越，规划从“旅游创意”实现突破，导入“全景休闲”功能。充分利用村庄内部闲置民居院落、闲置湿地空间、闲置林下空间，变闲置为资源，变劣势为优势，通过各种旅游创意，紧跟市场需求，逐步聚集人气，最终实现旅游突破性开发。构建“一村三区”旅游空间，通过创意化、特色化、体验化的方式开发低成本、见效快的旅游产品：通过林花种植等方式创造各种生态主题景观，增强观赏功能；通过低成本但创意性十足的产品，增强体验性；通过各种林下及湿地休闲产品开发，导入休闲功能	草业花卉与景观生态研究所
7	顺义区南彩镇小营村	顺义区南彩镇小营村农业产业发展规划	产业类	小营村位于顺义中心区域南彩镇中部，交通便利，环境静谧。村经济主要以农业（大田、养殖）为主，积极扶持发展以冬旱蔬菜为主的蔬菜产业，大力发展荷兰豆、茄果、叶菜、花菜、根菜、豆类等优势蔬菜产品。以建设京郊产业扶贫示范村为目标，构建“一村两区”建设空间，通过深度挖掘资源潜力，使农业种植、水产养殖成为村集体经济发展支柱项目，促进小营村产业顺利转型，形成特色化的京郊生态农业产业村	水产科学研究所

续表

序号	村名	规划名称	规划类型	规划内容	对接单位
8	顺义区杨镇荆坨村	顺义区杨镇荆坨村农业产业发展规划	融合类	荆坨村位于杨镇东南方向，自古便是华北地区商品集散地，村经济主要以农业大棚种植为主。以建设“顺义区创意新村”和“美丽乡村”为目标，充分挖掘荆坨村报秋河资源优势，构建“一村一带两区”的产业发展空间，以市场为导向，促进全村产业发展，带动该地区种植产业和生态旅游产业的快速发展	蔬菜研究所
9	苏家峪村	密云区新城子镇苏家峪村农业产业发展规划	融合类	1.规划加快发展村庄现代服务业，推动第三产业提档升级。通过发展观光度假、休闲娱乐、餐饮服务不断提高质量与档次，打造苏家峪品牌。加快推进新村基础设施建设，利用新村建设项目、百姓投资投劳等形式完成各项建设工程，实现全村基础设施升级。加强环境保护和生态建设。围绕建设“优美乡镇、生态村庄”目标，以改水、治污、植绿为重点，推动生态文明建设 2.发展和壮大农村集体经济。充分利用集体土地资产，搞活土地经营，走以地生财的路子。土地是村级集体组织最主要的资源，合理开发、利用集体土地资产，对村级集体经济可持续发展有着重要的意义。充分利用土地资源条件，合理开发运作，走土地流转开发增收的路子	玉米研究所

续表

序号	村名	规划名称	规划类型	规划内容	对接单位
10	前山村	延庆区四海镇前山村农业产业发展规划	产业类	根据京郊远山区农村的特点、功能和北京市对于郊区生态屏障的要求，从前山村的实际出发，在村庄闲置房屋上做文章，着力进行全村农业产业结构的调整和转型，坚持走以食用花卉产业与林果产业提质增效为主线，休闲度假产业配套融合的产业发展路子，面向北京，立足自身优势，大力发展休闲度假旅游，构筑一个自然资源充分利用，农业生产、生活条件全面改善，生态环境保护有力，第一产业内部结构优化并与第三产业有效结合的综合发展模式，推动农村经济较快发展。以村庄食用花卉与林果发展为主线，开发村庄闲置房屋为配套的产业发展思路，村域范围的产业布局为：一村、三片区。“一村”，即前山村村庄，村庄目前干净整洁，村庄存量闲置房屋不少，把闲置房屋集体流转开发，发展休闲度假。“三片区”即食用花卉片区，主要发展食用百合和茶用菊花；果园片区，重点发展鲜食杏和板栗；山场林地片区，此片区面积最大，有 1 000 多亩，但不适宜过多开发	生物技术研究所
11	北照台村	北京市昌平区流村镇北照台村农业产业发展规划	产业类	以栗蘑为主题，建设栗蘑生产园，打造生态林下经济，集生态农业、休闲农业为一体。盘活农村农用地资源、农村集体建设用地资源、生态资源和人文资源“四大资源”，拓宽产业链，实现一二三产业有机融合和城乡一体化发展，使农业现代化发展水平不断提升、产业内涵日益丰富，为新形势下农村经济高质量提升和生态文明建设提供新的思路和发展路径，实现经济	信息技术研究中心

续表

序号	村名	规划名称	规划类型	规划内容	对接单位
				与生态的“共赢”。经过3年的发展，将北照台村打造成农业主题业态多元、功能结构优化、组织模式先进、土地调优增值、生态保障有力的发展新格局。在现有资源基础上打造知名的“栗蘑生态园”，发展林下经济，优化资源配置，增加农民收入。3年内发展民俗旅游户3户，户均年收入达到15万元以上，树立京郊新型山区休闲模范。以栗蘑为主体产业，建设栗蘑生态园，开发乡村休闲旅游为产业发展思路。村域范围的产业布局为：“一村二区”。“一村”，即北照台村村庄，村庄目前干净整洁，打造保障服务项目，建立电子商务平台和信息化民俗旅游推广。“二区”，指农业种植区和民俗旅游区，发展栗蘑以及林下经济，展示乡村民俗历史，串联村内景点六郎洞、六郎跑马场、马头山、蛤蟆沟等展示杨家将的故事	信息技术研究中心
12	永陵村	北京市昌平区十三陵镇永陵村发展规划	融合类	基于永陵村产业发展的优势及劣势分析，坚持旅游富民理念，以“一个主题，三个组团”为产业发展思路，通过民俗主题旅游开发，带动关联的绿色骑行、食用菌以及林下经济发展，整合村庄最优秀的文化与生态旅游资源，以线串点，以点带面，以主题形成吸引力、以主题产生差异化、以主题增强竞争力。围绕绿色生态与健康，民俗文化与历史，通过充分挖掘人文、自然旅游资源，把永陵村初步构建成能够满足北京地区市民休	质量标准与检测技术研究所

续表

序号	村名	规划名称	规划类型	规划内容	对接单位
				闲、度假需求的民俗旅游村，着力打造绿色骑行，神路民俗表演、休闲疗养之旅，生态食用菌体验，融合生态种植、特色餐饮、农事体验、科普教育等旅游项目，使休闲观光农业成为永陵村农业发展、增加收入的有力推手。根据产业发展“一个主题，三个组团”的思路，把村域划分为“一心、一带、两片空间”布局。“一心”即以永陵为中心打造民俗旅游产业中心，“两片”是林下经济区以及食用菌主题区，“一带”即绿色骑行长廊带	质量标准与检测技术研究所
13	老君堂村	北京市昌平区长陵镇老君堂村农业产业发展规划	产业类	以文化创意农业为核心，以老君堂飨枣为主题，建设生态农业和休闲农业。盘活农村农用地资源、农村集体建设用地资源、生态资源和人文资源“四大资源”，建设飨枣产业、采摘园、家庭油鸡以及乡村休闲四大项目，拓宽产业链，实现一二三产业有机融合和城乡一体化发展，使农业现代化发展水平不断提升、产业内涵日益丰富，为新形势下农村经济高质量发展和生态文明建设提供新的思路和发展路径，实现经济与生态的共赢。经过 3 年的发展，将老君堂村打造成农业主题业态多元、科技服务高效、功能结构优化、组织模式先进、土地调优增值、生态保障有力的发展新格局。在现有资源基础上打造知名的“飨枣生态采摘园”，成为京城内外游人的度假、休闲、科普、教育的基地	畜牧兽医研究所